TREND FOLLOWING MASTERS VOLUME 1

Trading Conversations

趋势跟踪大师

世界顶尖趋势交易大师的智慧、策略和交易故事

[美] 迈克尔 · W. 卡沃尔 Michael W. Covel 著

中国青年出版社

图书在版编目（CIP）数据

趋势跟踪大师：世界顶尖趋势交易大师的智慧、策略和交易故事 / (美) 迈克尔·W.卡沃尔著；蓝迪译. 北京：中国青年出版社, 2024. 9. -- ISBN 978-7-5153-7381-2

Ⅰ. F830.91

中国国家版本馆CIP数据核字第2024LW8803号

Trend Following Masters Volume 1: Trading Conversations by Michael W. Covel

Originally published in the UK by Harriman House Ltd in 2023, www.harriman-house.com.

趋势跟踪大师：
世界顶尖趋势交易大师的智慧、策略和交易故事

作　　者：[美] 迈克尔·W. 卡沃尔
译　　者：蓝　迪
责任编辑：肖　佳
文字编辑：吴梦书
美术编辑：杜雨萃
出　　版：中国青年出版社
发　　行：北京中青文文化传媒有限公司
电　　话：010-65511272 / 65516873
公司网址：www.cyb.com.cn
购书网址：zqwts.tmall.com
印　　刷：大厂回族自治县益利印刷有限公司
版　　次：2024年9月第1版
印　　次：2024年9月第1次印刷
开　　本：787mm × 1092mm　1/16
字　　数：219千字
印　　张：15
京权图字：01-2023-0166
书　　号：ISBN 978-7-5153-7381-2
定　　价：59.90元

献给那些满心希望预测未来的投资者和交易者……请享受阅读本书时碰一鼻子灰的感觉吧！

目录 CONTENTS

INTRODUCTION

前　言

我很幸运。我有机会与许多人交流——各种各样有趣、聪明、功成名就的人。

有时是面谈，有时通过ZOOM[①]或电话。

这种交流已成为我的激情所在，令我着迷。一切是如何开始的呢？

在我的第一本书《趋势跟踪》（*Trend Following*）出版之后，2005年年初的某一天，我拿起电话，打给15名交易者。这些交易者共计管理着约150亿美元的资产。其中的绝大多数人都同意接受我的采访。于是我自掏腰包，在全世界飞来飞去，与这些投资界的传奇会面，其中包括大卫·哈丁（David Harding）、托比·克拉贝尔（Toby Crabel）和拉里·海特（Larry Hite）。我完成了许多访谈。

随后我开始撰写第二本书《海龟交易特训班》（*The Complete Turtle Trader*）。我必须让那些神秘的海龟交易者敞开心扉。我完成了更多访谈。

我随之启动了一项纪录片计划，历时3年，在全球各地录制了100场访谈。

2012年，我心血来潮，开始制作一档播客节目。目前这档播客节目已累计超过一千期，播放了几百场访谈，收获了几百万次收听量；播客的内容涉猎颇广，从交易到心理学，从经济到健康。我甚至请到了唐恩都乐的首席执行官（那是我最喜欢的访谈之一）。迄今为止，我采访过7位诺贝尔奖得主，并为此深感自豪。

但我的一切成就始于趋势跟踪，这永远是我事业的核心。这本书包含了关于趋势跟踪交易的最重要访谈。接下来你会读到教你如何在不平静的世界中前行并大幅获利的智慧。

① 视频会议软件。

也就是说，如果你想获得蜡烛图秘籍、图表解密、日内交易大法，或其他快速致富诀窍，这本书恐怕会令你大失所望，也许你甚至会去社交媒体上对我大发牢骚。

不过，如果你的灵魂充满勇气，想要在广阔的世界里放手一搏，立志于取得真实的成就，那么本书为你提供了货真价实的交易智慧。

我希望你喜欢这些访谈。

迈克尔·W. 卡沃尔

2023年2月

CHAPTER 1

第1章

比尔·德雷斯

乘风破浪

比尔·德雷斯（Bill Dreiss）毕业于麻省理工学院并取得了电气工程学位。他随后就读于哈佛商学院，并在那里产生了对贝叶斯决策理论和运营研究的兴趣。毕业之后，他就职于加利福尼亚州一家为战略及战术型战争提供计算机模型的智库，从而接触到当时最先进的建模技术。比尔如此描述他在智库的经历："我们的工作是受空军合约委托，为导弹发射策略、欧洲地面战争或类似任务探索不同的战术。绝大部分工作是由具有数学背景的青年工程师完成的。"

迈克尔的话

我是从业绩追踪服务中听到比尔·德雷斯的大名的，但是此前从未与他交流过。"顶级交易员现场"（Top Traders Unplugged）的尼尔斯·卡斯特鲁普-拉森（Niels kaastrup-Larsen）帮忙牵线。这就是生活——处处随机。做好准备，因为生活就是人际关系六度分隔理论的体现。不过在趋势跟踪交易世界里，对我而言，只有一度。

迈克尔·W. 卡沃尔（以下简称"迈克尔"）： 我想先直截了当地进行一些理念上的探讨，聊聊你的偶像之一，如果你愿意这么称呼他的话：伯努瓦·曼德勃罗（Benoit Mandelbrot）。2008年，他针对有效市场理论的拥护者发表过一个观点。他

说那些人会把2008年发生的系列事件藏在地毯下，然后忘得一干二净。我很肯定你对此深有同感。你能跟我们说说曼德勃罗的看法是什么意思吗？

比尔·德雷斯（以下简称“比尔”）：他说的是从统计角度而言，市场并不遵守随机漫步理论。市场是有偏差的——这种持续状态导致了我们在数学上称为“肥尾效应”的现象。这是市场的内在特质。它既不是一种例外，也不是什么超乎寻常的现象。

在曼德勃罗手下工作时，我将他关于分形维数的想法应用到了不同市场。我对所有的市场做了分析，想看看这些市场是否真的存在分形维数，表明它们是持续的。分析完所有市场后，我发现在不同的程度上这是真的，于是我就曼德勃罗的猜想提炼出了一套科学论证。他实际上想表达的是，当有效市场的狂热爱好者们假设市场具有随机性的时候，他们就错了。

市场的持续性导致了“肥尾效应”。

在我看来，部分原因是那些顶尖经济学家自己无法战胜市场，于是就认定任何人都无法战胜市场。因此他们发明出一套说法，说市场具有纯粹的随机性。

值得注意的是，曼德勃罗的第一篇关于分形几何学的论文主题是棉花期货市场。有本1974年出版的畅销书叫《股票市场价格的随机本质》（*The Random Nature of Stock-Market Prices*）。在那个时代，曼德勃罗就是与市场随机漫步理论唱反调的人。哪怕是现在，随机漫步理论似乎也内嵌在各种学术观点之中。

很久以前我们就可以凭经验和分析来证明，随机漫步理论是不正确的。现在，大多数市场参与者都接受了市场确实存在“肥尾效应”。

这为趋势跟踪交易提供了基础。“肥尾效应”就是指假设存在随机分布，那么趋势持续的时间要长于预期。我使用的特定投资方法的确是基于分形几何学，但是市场的持续性才是让合理的趋势跟踪交易系统运行的动因。

迈克尔：我想关注一下“学术”一词。如果有人看到你的教育背景——麻省理工学院、哈佛大学，他们可能看的是你的学术血统，但你更偏向实践。

你的早期职业生涯都是关于运营、研究、防务合约，然后你离开并掉转方向，成为一名创业者并大获成功。

但你在交易时是怎么想的呢？在过去的数十年中你赚了很多钱，但是那些学术界的人享受了极高的知名度。错误的信息越传越广。我的意思不是说你和其他趋势跟踪交易者都无人问津，但你的工作长久以来几乎不为人知。当你看到那些学者沿着同一条路走，而你在真实的交易世界中亲眼看到了一些完全不同的东西，你私底下怎么想呢？

早有证据表明随机漫步理论是不正确的。

比尔：你提到我的学术血统，但我及时跳出了这个身份。我从商学院毕业后就去了加利福尼亚州的一家智库工作。我们为结构分析和导弹轨道做一些先进的建模工作。当时正值“冷战”的顶峰。许多工作涉及从第一性原理①出发看待问题——我们没有使用现成的工具，而是重新应用了一些技术来帮助我们进行更加独立的思考。

我最早的一个发现是，有些话题无法在科学上达成一致。我认为从某种程度上来说，学者们受的教育有些过度，他们从物理中学到了一些模型，便企图应用到市场上，但这些模型并不适合市场。如果他们能从更基础的层面来分析这些事情，就会得出与我和其他交易者一样的结论。

迈克尔：能够探索不同路径的自由成了你的优势。

比尔：一点没错。事实上，我这一生都在将自由最大化。我有机会独立于一种体制去思考很多东西，这种体制在某种意义上是极具限制性的。绝大多数学者都面临发表学术研究和其他任务带来的压力，这意味着他们白天得上班，没法将大量时间花在创造性思考上。我不在那种体制化的环境里，反而有好处。

我和其他CTA（商品交易顾问）聊天时发现了他们有很多共同之处。我认识

① 根据原子核和电子相互作用的原理及其基本运动规律，运用量子力学原理，从具体要求出发，经过一些近似处理后直接求解薛定谔方程的算法，习惯上称为第一性原理。

的一些CTA对物理或其他与CTA毫无关系的事物都很感兴趣。他们对这些事物有新颖的见解，这是教科书中所没有的。他们也不自大，因为他们受过教育，聪明过人。总有个世界或多或少独立于学术界而存在。

迈克尔：在你设计出自己的趋势跟踪交易系统之前，你曾将哪些读过的东西或人理解为第一个趋势跟踪交易先驱案例？是唐奇安[1]吗？

比尔：我在智库的上司是位退伍空军上校，他学习了唐奇安（的方法），然后又引发了我的兴趣。我可以使用空军的计算机，我也读了爱德华兹与迈吉的那本书，那本算是技术分析圣经，我发现它有些用处。尽管他们采用的绝大部分形态是有用的，但对我来说唯一有用的是趋势曲线、支撑位及阻力位的概念。我着手设计了一个系统来将这种技术交易自动化。这是我的第一个交易系统。我的第二个交易系统建立于1991年，它基于曼德勃罗的想法进行了更复杂的数据分析，但是从趋势曲线、支撑位和阻力位的处理方式上来说，它总体上与我的第一个系统包含的功能相同。

系统表现更好，因为它们更可靠。

迈克尔：我能请你多聊聊你的早期经历吗？我很好奇。我提到唐奇安，你却提到爱德华兹与迈吉，（他们使用的是）两种不同的方法。当你第一次理解唐奇安的思路时，你有没有对它进行逆向工程，从里到外自己弄个明白？

比尔：嗯，没有。我认为唐奇安（的方法）就是关于移动平均线交叉，如果我没记错的话。那是非常基础的东西。早年间，简单的系统表现很好，因为没什么人在用系统交易。所以你是在与主观交易者竞争，而他们受到交易风格的种种制约。几乎所有的系统都能打败普通的主观交易者。随着越来越多的人参与系统化交易，这种局面逐渐转变了。但不管怎么说，这项业务的本质没什么改变。就是设计一个系统，然后坚持用它来交易。

迈克尔：让我们再多聊聊你的早期个人理念。在今日访谈的准备过程中，我

---

① 理查德·唐奇安（Richard Donchian）被尊称为“趋势跟踪之父”。他最初建立的技术交易系统，后来成了其他趋势跟踪者的交易体系的基础。

开始思考“与人隔绝”——意思是你在这里，试图弄明白自己的投资方向。你从他人那里得到一点信息、一些数据，你不一定需要团队协作。你不会打电话给比尔 · 邓恩（Bill Dunn）、约翰 · W. 亨利（John W. Henry），还有艾迪 · 塞柯塔（Ed Seykota）。你就是自己做自己的事。

比尔：是的。他们也在做自己的事。我们都发现了同样的现象。我知道艾迪 · 塞柯塔和马丁 · 伯金（Marty Bergin）发现了同样的现象，或者可以这么说，他们证实了唐奇安的发现——以整个市场而论，系统在一般情况下会战胜主观交易者，或者大部分交易者。

丹尼尔 · 卡尼曼（Daniel Kahneman）在《思考，快与慢》（*Thinking, Fast and Slow*）一书中对此做了深入探讨，他将临床医生与简单的系统相比较。系统似乎表现更好，不是因为系统更聪明，而是因为系统更可靠。系统不受不利于交易的心理或其他偏见的制约。我们都有与生俱来的心理偏见，很难克服。

最难的就是坚定不移地使用系统。

当然，作为系统化交易者，最难的就是坚定不移地使用系统。因为你会一直观察市场，然后说“噢，天哪，市场走向偏了”，诸如此类。你提到的每位交易者，以及任何成功的趋势跟踪者，都明白最重要的就是坚持让系统来交易，不管个人如何判断市场走向。

迈克尔：作为有数十年经验的趋势跟踪交易者，当你第一次读到《思考，快与慢》时，你内心的某一面会不会这样说，“嗯，我和我的一些同行们在这一理论畅销前很久就悟出来了”？

比尔：一点没错。不过同理，丹尼尔 · 卡尼曼也和我们在同一时期进行了相同的工作，尽管我们从事的领域不同。或许当时我们不认识他，他也不认识我们，但这并不是说我们抢在丹尼尔 · 卡尼曼之前，我们将这些知识付诸实践。在20世纪70年代，我们将他的第一个算法应用到了临床实践上。这不过是不同的人在不同的领域做事。

迈克尔：让我们回到对话的开始，因为我想让你从专业人士的角度再来谈谈。我们想象一下：现在你面前是一屋子的医生、律师、年轻的MBA（工商管理硕士），各种各样的人，他们都不认识你。他们会说："天啊，你在2008年干得真漂亮。"但是在电影《大空头》（*The Big Short*）中，那位大赢家做了一些不同的事：他在所有波动的市场中交易。如果他们知道你在那一年的成绩，就会想，"噢，他做的事和《大空头》里的那个家伙一样"，或是"他只是卖空了标准普尔500指数"。他们无法从全局视角来看到这一切都是市场变化导致的。那一年的市场是如何运行的，从而让你大幅获利？

比尔：好吧，在那个过程中没有个人决策，只不过是我的业务模式而已。我没有对交易做出任何调整。我可以说，对于所有采用趋势跟踪策略的CTA来说，那是成果丰硕的一年，原因很简单：市场趋势强劲。任何趋势跟踪交易者都会设法从中获利。

我与《大空头》里那些家伙的不同之处，就是他们真的深入研究了当时的情形，弄明白了正在发生的状况，然后做出了详尽的计划。而我只是运气好。那是一个市场现象——正好符合我的交易方式，但我确实没做什么调整。我没有预测市场崩盘——它就那样发生了，我只不过是在正确的时机持有正确的头寸。

迈克尔：你的策略的底层逻辑就是接受市场的表现并从中获利。

比尔：是的。这是市场的持续性发挥作用的地方。市场展示出持续性，我和其他趋势跟踪交易者才能从中赚钱。

迈克尔：我知道你是冲浪爱好者。你冲浪有多少年了？

比尔：我从大学毕业起就开始对冲浪着迷。我进入期货交易领域的原因之一，就是这份工作可以让我选择在任何自己喜欢的地方工作和生活，我可以围绕着冲浪来打造一种生活方式。最近这几年，因为年龄的缘故，我减少了冲浪的频率，但在很长一段时间里，冲浪定义了我的人生，包括我在哪里生活和我花时间做什么。

迈克尔：这一点真的非常发人深省，现如今有那么多人对自己的人生不做任何设计。人们在社交媒体上谈论并分享关于设计人生的观点，蒂莫西 · 费里斯（Tim Ferriss）还就此写了一本书，但是你在很早以前就开始这么做了。在你的人生中，曾有人给过你这种按自己意愿生活的自由想法吗？还是你就是自己琢磨“好吧，交易这件事看起来很酷。我想冲浪，让我把这两件事串起来。这就是我打算做的事”？

比尔：这是随时间而进化的，未必出于我当时的一时兴起。我记得我曾为一家公司工作，然后我就开始想：“我的老板看起来状态如何？我想要他那份工作吗？我想每周工作60或80小时，还是怎样？赚些钱，买辆车，买幢大房子？那他的老板又是什么状态呢？我想坐到他老板的位置上吗？”然后我说“不，我得有时间用来休闲娱乐，我想早早退休，这样我还有足够的精力和体力来做自己想做的事，老了之后的事等老了再说”。

迈克尔：你会不会将部分冲浪的心态与交易联系起来，或者以哲学的眼光看待冲浪行为？

比尔：冲浪背后有一整套社会学理论。那是一种“流浪者”心态——你得有空闲，能旅行，而且海浪来时，你得在场。海浪是一个“爱猜疑”的伴侣，因为当它来时，你必须得在场。这和滑雪不一样，雪就在山上。你只要上山，就能滑雪。海上何时起浪却是不确定的。起浪的时候，你必须有空去冲浪，这就是这项运动的本质。

很多人选择这种生活。他们未必都是期货交易者，也可能是出租车司机或医生，只要你能决定在何处、何时、何地做你想做的事，就和他们差不多。于是，一段时间之后，那种生活方式占据了我大部分人生。

另一个优势是我一直能够对很多事物进行深度思考，不仅仅是针对期货和冲浪，我放手在其他领域中尽情发挥想象或做研究。当时还有一场广泛的反主流文化运动，与退学潮相关。不过我没有退学，比起计划未来和积累财富那些事，我更关注当下。

迈克尔：我有些好奇，你的冲浪伙伴中有人了解你的职业生涯吗？

没人能了解一个交易者，除了另一个交易者。

比尔：没人能了解一个交易者，除了另一个交易者。从另一方面来说，他们知道我的工作——我从市场交易中赚钱，我不需要花费很多时间，我还使用一套电脑程序。他们中的一些人受过良好的教育，大致能明白我的工作，不过和我一起冲浪的人都从事其他工作。他们都找到了理想的生活方式，这样当海浪到来时，他们就有空去冲浪了。我并不认为自己是个多么特别的人，只是找到了能让自己有空冲浪的法子。其他人也有自己的法子。早些年间，这样做的人不多。你差不多得经历职业道路上的所有阶段。我差不多相当于中途下车了。

迈克尔：你一直如我所见的这样稳当，甚至是年轻的时候，比如21岁的时候，就这么稳当？你一直是个务实又深思熟虑的人吗？

比尔：我不会说我是个稳当的人。我其实挺疯狂的。

迈克尔：咱们再回到趋势跟踪。在那个时候，唐奇安做了一些事情，你又在读爱德华兹与迈吉的书，然后你对其他人的研究方向产生了一些初步的倾向。我猜你可以沿着唐奇安的方向走下去，采用一种相当简单的方法。但是在“顶级交易员现场”节目中接受尼尔斯的采访时，你透露过你的方法要比典型的趋势跟踪价格行为系统复杂一些。就好比你与他们要去同一个地方，但你以自己特有的方式到达了目的地。

比尔：吸引我的是传统技术分析中的几何学。我最初的想法是从技术分析里吸收有价值的部分，然后将它转化为一个系统，不再以主观判断为基础。换句话说，如果你在主观判断的基础上绘制趋势曲线之类的东西，就会出现多种可能性。如果可能性有所变化，你就必须依赖主观判断来决定趋势曲线的位置，就会导致不一致性，这正是我试图避免的情况。我做的一切就是将那些看似直观的规则转化为系统——一个计算机程序。

迈克尔：你认为爱德华兹与迈吉是在没有像你那样使用系统的计算机方法的情况下完成研究工作的吗？

比尔：我构建最原始的系统时也没怎么使用计算机。1976年，我是第一批拥有个人计算机的人之一。我用期货价格指数（CRB）、图表等手动完成了大部分系统开发和测试工作。你无需计算机也可以运行一个系统，只要你能像计算机一样思考就行——换句话说，就是一遍又一遍做相同的事。将策略计算机化不过是将逻辑、程序和编程转换为代码。

迈克尔：与价格行为突破交易系统相比，分形波浪算法是一种不同的方法，但目标是相同的。它也是利用市场提供的东西，试图从趋势中获利。对于那些对此不熟悉的人，你会怎么解释分形波浪算法呢？

比尔：它是基于分形几何学基础的，属于叠加的形态——形态中还层层嵌套着形态。最基础的形态是锯齿状的：价格上涨、下跌、再上涨。你可以在此基础上开发一个系统，然后纳入越来越精微的细节。关于“肥尾效应”的底层理论是系统执行任务的基础。尽管根据分形波浪算法来设计系统挺诱人的，但显然不是必需的。

迈克尔：它在你手里成功了。你把一切弄明白了。

比尔：我当时和一位朋友一起工作。是他想到了分形波浪算法的逻辑。一开始，我们尝试将艾略特波浪模型自动化，因为它在当时很流行。随后我们发现这不可能，因为艾略特波浪模型过于依赖人的主观判断来确定波浪的位置。我们最后开发出了一个更简洁的算法，更接近道氏理论，算法中有一系列更高的高点、更高的低点和更低的低点。然后形成一个有更高的高点和低点的更大的形态，再形成一个有更高的高点和更低的低点的更大的形态。

分形波浪算法本质上是道氏理论的自动化，它为在哪个价位买入进场，在哪个价位设置止损指令提供了底层决策基础。分形波浪算法提供了一个结构，但还算不上真正意义上的系统。它是一种可以提供多种选择的结构，让你决定到底在哪个位置进行交易。

迈克尔：你的交易时间框架以周为单位吗？

比尔：我的第一个系统进行日内交易，但是几年之后它的有效性逐渐减弱了，于是我开始探索分形波浪算法。我的第一个想法是根据一个长期指标的方向来进行短线系统化交易。然后我发现还不如直接交易长期指标（期货）。换句话说，与其从趋势中切分出一个小片段，还不如尽可能地利用整个趋势。显然，这样做会让你面临更多风险，但是在多个市场交易就可以降低这种风险。我在40个不同的市场交易，但这还是要比根据周线图来交易要轻松些。这似乎也与真实的市场基本面更为协调，因为归根结底，我们在期货市场的所作所为都是建立在现金市场之上的。

我自认为是一位相信基本面的交易者，只是不直接基于基本面来交易。我基于这个想法来交易。比方说，铜价上涨的时候，人们就会开采更多新矿，然后导致供应过剩，诸如此类。某些期货品种的循环周期可以长达好几年。如果你的交易周期很长，与这些循环周期就更为协调。本质上我就是这样做的。这种做法部分是出于方便，不过似乎与市场更协调，也避免了很多噪声的干扰。

迈克尔：毫无疑问，你所说的应该会在那些自称趋势跟踪交易者的人那里引起共鸣。但当我问起他们最喜欢的交易时间框架时，他们回答说是5分钟。

比尔：他们活在另一个宇宙里。我有一位朋友是高频交易者，所以我对他们的业务相当了解，知道他们的动态、理论和市场行为全都与长线交易不同。

迈克尔：我觉得如果人们想追随你的脚步尝试交易，那么模仿你要比模仿高频交易靠谱得多。

比尔：如果你去看看那些坚持了很久的人，会发现他们中的绝大多数还是会逐渐倾向于长线交易。部分原因是高频交易是个艰难的游戏，没有多少人能取得成功。我的朋友是高频交易的元老，据他说，刚开始很容易，因为几乎没有其他参与者。这与我作为系统化交易者的情况差不多。面对普通交易者，你有优势，因为你使用的是还未被广泛应用的技术。

显然，现在的高频交易非常难做，而且绝大多数参与者不是交易者，而是做市商。假如我现在准备进入交易领域，那么高频交易是我最不会考虑的选择。

迈克尔：人们一进入交易领域，就默认短线交易才是大势所趋，这里必定有个缘故。我和你一样，会想“5分钟，我该做什么？”。我得一直盯着屏幕，会感觉压力很大。这不是我想做的事。

比尔：你说得对。举个例子，在我的职业养成期，爱德华·索普（Edward Thorpe）的书《击败庄家》（*Beat the Dealer*）很流行。它描述的也算是一种交易系统，但是我问自己：“我想坐在一个烟雾缭绕的赌场里没日没夜地搞这玩意儿吗？”

我天生倾向于那些投入最少却回报最大的方法。当时，交易佣金高得不可思议——你要为滑点付出很多钱。市场中很多结构性的东西会让你趋向长线交易。短线交易的成本太高了。

如今的情况有些不同，但不管怎么说，你都要处理市场噪音。你需要很多注意力和计算机算力，你还要离交易所很近——一大堆条件。高频交易本质上是另一个世界。

迈克尔：让我们来聊聊你的个人心理。你谈到冲浪和一种不同的生活方式，你不想待在纽约或芝加哥，和那些“金融玩家”在一起。显然，你找到了属于自己的方式，而且一切很顺利。你是如何本能地知道不要沉浸在群体思维中的呢？

比尔：众所周知，95%的交易者都亏钱。如果你做的事和绝大多数人一样，显然无法取得成功。当你读期货新闻之类的内容时，要与它的逻辑保持距离，这很重要。新闻总是会过时的。另外我也不想成为场内交易者，每天上班时冲着别人咆哮尖叫——我想过一种更松弛的生活。

迈克尔：你是第一个CTA吗？

比尔：我是最早的几个之一。当时有一个团队以美国东海岸的期货集团为中心。他们基本独立，追随唐奇安的领导，而我们的团队在旧金山，也相对松散一些。我们不怎么沟通，但我们有一小撮人正在进入CTA业务领域。

我在这种交易还未受到美国商品期货交易委员会（CFTC）监管时就入局了，那时甚至还没有美国商品期货交易委员会。我算是创始团队成员之一，不管怎么说，在西海岸，我们通过相互交流，做出了独立的新发现。当时有很多航空业出身的人拥有数学背景，所以系统化交易对他们很有吸引力。很难说谁是第一个。

迈克尔：你第一次全副武装准备尝试趋势跟踪交易，同时知道你有机会赚到足够多的钱，让你去做人生中任何想做的事，那是什么感觉？

比尔：对我来说，最重要的事就是无须花太多功夫就能自食其力，能为冲浪安排出时间，能过一种思想自由的生活。我的关注点不是钱，我对钱没那么在乎。现在依然如此。我对于尽可能地享受休闲的兴趣比尽可能地扩大收入的兴趣要大。

迈克尔：我想再和你深入谈论一个更基础的想法。不久前我和心理学家艾莉森·高普尼克（Alison Gopnik）进行过一次对话。她写过关于“贝叶斯婴儿”理论的著作。她的观点是指婴儿通过看见一个东西并跟随它来学习，如果这种感觉很好，婴儿就会一直这样行动。我知道你的早期经历中有对贝叶斯决策理论的研究学习。人们通常不会从学校教育中学到贝叶斯决策理论，但是一旦你开始理解它，一切就如此有意义。

比尔：我所学的贝叶斯决策理论是一种精妙的技术性方法论，在实际生活中的应用面很窄，至少在商业中是这样。你是对的——它不仅是概率理论，更是一种看待世界的方法。它是贯穿我整个人生的一根线。我很早就深信概率是认识论的，而非本体论的。这影响了我对概率的看法。但这与我如何思考交易中的概率无关，只是一个并行不悖的兴趣。

迈克尔：你是否一直在交易中抱着这样的心态：你的系统——分形波浪算法——可以统一应用到所有的市场？

比尔：是的。我的初始系统不是分形波浪算法，但同样涉及趋势曲线、支撑位与阻力位，这都是爱德华兹与迈吉的技术分析的基本形态。全市场通用的想法来自分形波浪算法，因为它是一种分解数据的方式，可被应用于任何数据流。我将它应用到了其他市场，例如印度和日本——我不在这些市场交易，但我进行过测试——我的系统在任何市场和交易品种上都可以应用。显然，它在某些市场的表现更好，因为每个市场都有不同的历史。不过如果你指定一个市场，问我：“你

我们赚钱并不是因为我们聪明——我们赚钱是因为市场给了我们机会，我们有着遵循某个系统的纪律。

能不经过测试就直接交易吗？”我会说：“可以，就用同一个系统，让我们开始吧。”我相信它在其他市场中一样能发挥作用。

迈克尔：你在一个好年景里赚到大钱，在另一年里亏掉很多钱，两者相比，你会产生什么情绪吗？因为这其实代表了你的系统性能的成功或失败。你的反应是差不多，还是说你内心会感觉有些不同？

比尔：人们很难将自己与赚钱或亏损完全隔离。在某种程度上，下跌市场比上涨市场让我感觉更舒服。

迈克尔：让我确认一下：你亏钱时比赚钱时感觉更好？

比尔：是的。我会清楚它的走向，以及一切将如何收场。当我赚钱的时候，几乎没有上限。比起亏钱，赚钱时候的不确定性更高。某种意义上你是在对不确定性做出情绪反应，所以有些时候亏钱反而感觉更舒服。因为你受到了重创，被不断进进出出的交易绊住，这没什么好兴奋的。它考验你的耐心，因为大部分时间里市场处于回撤状态，只有相对很少的一部分时间里市场会走强，你才能从中赚大钱。

95%的交易者都是赔钱的，而他们的交易主要取决于主观决策。

迈克尔：我与你的很多同行交流过，他们和你同时起步，但你的见解如此不同。如果你比较一下你与其他CTA的长期业绩表现，会觉得它们之间存在高度相关性吗？

比尔：我的业绩可以当作CTA业绩指数来参考。当然，这其实是趋势跟踪交易的表现。我们不是因为够聪明才赚到钱——我们是因为市场提供了机会，同时有跟踪系统的纪律才赚到钱。当然，不是每个系统都好用。我从来都没法弄清为什么有些系统比另一些表现更好。但是长期从事系统化交易的人都对同样的交易时间框架与基本交易策略做过改进。这是一个达尔文式的优胜劣汰过程，比如说，绝大多数管理期货基金的资金都在趋势跟踪系统里交易。这是因为其他的方法论都被竞争淘汰了。

你要想想趋势跟踪交易者都是从谁手里拿到资金的。归根结底，我们是向商品生产者和交易者销售保险，他们需要保险商品，而且愿意锁定利润。说到底这是个经典的套利游戏，在这个游戏中，我们愿意接受风险，将风险从那些不愿意承担的人手中转移出来。非常简单。多年以来，期货交易经历了漫长的进化过程，我觉得目前稳定下来了。

迈克尔：当我在20世纪90年代开始全力研究趋势跟踪交易时，观察到的最有趣的事就是该领域内的最佳交易者似乎都是100%系统化的。但是我从美国商品期货交易委员会披露的文件中看到，许多基金声称“我们的决策95%是系统化的，5%来源于主观决策”。所有的趋势跟踪交易者都说自己只有5%—10%的主观判断。然后我就在想，“我不相信。这是营销手段”。如果你是系统化的趋势跟踪交易者，你必须完全相信系统，但又有人说“我们有5%的主观判断”。我很好奇，你一直是100%系统化的吗?

比尔：我认识的人都是100%系统化的。这种5%主观决策的说法可能是营销话术。首要觉悟就是对你的系统保持坚定，做系统告诉你去做的事。

迈克尔：你早期尝试过主观决策吗？有没有考虑过主观决策可能为系统增值?

比尔：没有。从来没有感兴趣过。我看得很清楚，95%的交易者都亏钱，而他们基本上都是依靠主观决策的。我对自身能力没有信心。我可能浅浅尝试过，不过我没有主观交易者所必备的成功的心理素质，甚至连信息都没有。

迈克尔：沃伦·巴菲特（Warren Buffett）之路没有吸引你?

比尔：沃伦·巴菲特的做法和我一样，真的。我是说，他始终保持一致。多年来他对自己的投资坚定不移。他是一位长线趋势跟踪者。所谓主观交易者的特征之一是必须有所行动，必须参与市场。这是在满足自己的心理需求，并不是非理性的表现。成为系统化交易者是成为长线交易者的方式之一。显然，市场交易的最佳方式是将钱放入一个指数基金，然后让它乘势增长。

迈克尔：我们聊了许多关于你早期生涯的事。除了上学，做一些工作，在空军中接触到计算机之外，有没有人对你的交易风格的发展产生过影响?

比尔：智库里与我共事的人对模型有独特的认识。我们当时走在最前沿。那是20世纪60年代晚期到70年代早期，“冷战”到达顶峰，大量资金被投入那些新的建模科技上，我们做的就是最早期的模型应用。我们做了大量的原创性工作，不少属于顶级机密。现在对各种现象进行建模的方法是有限的，而绝大多数都产生于那个时代。不久前我读到一本书叫《对冲之王：华尔街量化投资传奇》（*The Physics of Wall Street*），讲的就是投资界应用的各种物理及数学模型。我们研究过早至20世纪60年代产生的各种模型，其中不少又“重生”了。举个例子，深度学习就像神经网络——它是一个已存在数十年的理论的延展。其他模型也是如此。

研究这些模型的应用已经成为一种职业，各种建模变得专业化，但我们做得更为普遍。我们选择适用于任务的模型，而不是根据模型选择任务。我们将这一过程称为“模型采购”。现如今的人就是这么做的，他们所学的就是应用某些模型，然后他们会挑一个模型说“好吧，我会把这个模型用在期货交易上”，差不多就是如此，与为特定问题选择恰当模型刚好相反。

从建模的角度来说，我今天所看到的与过去相比没什么变化。如今，我们可能正在进入第二次人工智能寒冬。对人工智能的过度吹嘘源自20世纪80年代，当时每个人都认为机器正在接管一切，如今吹嘘的对象变成了人工智能。算力已扩张了这么多倍，人们对数据挖掘工作还是缺少真正的思考。人类拥有计算机无法企及的创造力，在可见的未来中这一点总是成立的。如果你想见识一下人工智能的能力，只要上网，就能看到一堆已经你买过的产品的广告弹出来。这叫智能吗?

迈克尔：在我的播客节目里，我最喜欢的嘉宾之一就是罗伯特·奥曼（Robert Aumann），他靠博弈论获得了诺贝尔奖。与这位90岁高龄的以色列籍博弈理论家谈话让我目瞪口呆，不过最妙的是他解释“确保相互摧毁”这类事物的方式：“听着，我们必须让轰炸机一连40年随时待命起飞，这就是和平的保障。”那是一个让我恍然大悟的时刻，我想到“哇，他将常人无法理解的数学知识简化成了能让任何人都明白的东西”。

比尔：是的。我们一直构建复杂的模型，但是同理而言，我们也知道在一场真正的核武器交火中，大部分模型都不起作用。那会是一场混乱。你得跟上形势，因为对手也在跟上形势。这是我的基本理解——你在一个你不得不这么做的情况里。有些在公众眼中看起来会产生反作用的事物，其实对于当时的情势而言是必不可少的。

迈克尔：接近结束前，我想聊聊未来。媒体最喜欢的话题之一就是趋势跟踪已死，它们差不多每隔5年就要重提一次。趋势跟踪完了，没用了，那些人都在亏钱，它不可能赚到钱……然后一些事情会发生。这个规律反复出现。你有数十年的行业经验，如果要展望未来，你觉得接下来的50年里趋势跟踪策略会如何发展？

比尔：我猜想一些细节会有所变化。

迈克尔：也许你是指在哪个市场进行交易？

比尔：我无法确定。显然，新兴市场会加入游戏，老的市场会逐渐丧失活力。但是基本的趋势跟踪交易策略还是依赖于人类心理和经济的基本特征。只要市场还存在，趋势跟踪交易策略就会存在，让策略具有可行性的底层机制也会继续存在下去。

总的来说，市场的表现一如既往。

我目前使用的交易系统几乎已经保持30多年不变了。我会做些微调，但重要的是它一直有效运行。有效运行的原因不是系统本身，而是它所处的经济环境。

让我换个说法。当我研究市场行为时，发现太阳底下没有新鲜事。事实上，我见过蔗糖、可可这类市场走向疯狂，棉花价格在两周内持续创出新高，然后在两周内持续创出新低。今天那些令人目瞪口呆的事情在20世纪70年代都算不上惊人。不过大体上，市场一直按自己的方式运行。

迈克尔：假如你必须做出预测，说“好吧，趋势跟踪策略仍将存在，但利润会有变化”，你会不会认为将有40%的人成为赢家，60%的人成为输家——那种理论基础仍是构成趋势跟踪的一部分？因为我们无法预测下一个大趋势。

比尔：一些常规的限制因素仍将持续存在，这就是市场最可爱的地方。这大体上就好比市场会令交易者痛不欲生，任何能充分利用这种痛苦的策略都会持续赚钱。换句话说，一切终究是人的心理作用。绝大多数人在市场交易时都会本能地犯错，这是不会改变的。

当人们在市场交易时，他们会本能地犯错。

迈克尔：你打算退休吗？

比尔：我现在和退休差不多。

迈克尔：可是你还在交易啊？

比尔：我只用自有资金交易，而且不会坚持下去的。我已经撤回了美国全国期货协会和美国商品期货交易委员会的会员资格。我不再为客户交易，只用自己的钱。

迈克尔：你会停下来吗？

比尔：或许吧。差不多快停手了。因为哪怕我交易得很少，也需要每日投入时间和精力。

迈克尔：恐怕你还是有些喜欢交易吧？

比尔：越来越不感兴趣了。我的钱已经够多了。我将钱投进一个指数基金，然后就不管它了。

迈克尔：我们漫谈了许多领域，感谢你允许我有意识地引导你不按时间线来进行叙述。

比尔：我很欣赏这种做法。我很担心要从头到尾按顺序讲述自己的经历，我比我想像得更享受这个过程。

CHAPTER 2

第2章

哈罗德·德波尔

从牧场到趋势跟踪

哈罗德·德波尔（Harold de Boer）是Transtrend投资基金公司的董事总经理，也是多元化趋势计划（Diversified Trend Program）的设计者，主要负责研发、投资组合管理与交易。哈罗德在荷兰德伦特省的一个奶牛牧场出生并成长。很小的时候，他就为将数学与周遭的真实世界相联系而着迷。他在学业的最后阶段，在开发Transtrend的前身项目期间，开始迷恋概率分布中的“尖峰肥尾分布”的概念，这个研究主题对他的整个职业生涯都大有启发。

迈克尔的话

我不知道为什么花了这么长时间，不过经过了数年等待之后，哈罗德终于同意接受我的采访。这个来自荷兰的故事是多么令人感叹！

迈克尔： 你对市场的看法非常有趣，我想你对它的最佳描述是将农民的常识与数学知识相结合，与此同时，还从不失去对基础的基本面的关注。人们或许会想：“那是种什么策略？”想想吧，那正是趋势跟踪。从20世纪80年代起，你保持着稳定的每月交易记录，你是行业传奇之一。Transtrend目前管理的资金规模已超过40亿美元，绝对是趋势跟踪领域的头部基金之一。

我喜欢你描述趋势跟踪的方式。你曾说过：

> 那些追随理念的前辈——他们的足迹指引着我们的投资策略。这个足迹就是他们为市场定下的价格。一切不过是一个理念。如果无人相信，无人使用，无人支持，理念便毫无影响力。但每当有人追随一个理念，世界就会随之改变。我们的世界由理念的追随者所塑造。

这是对趋势跟踪交易的精彩表述。你是怎样得到这个想法的？

哈罗德·德波尔（以下简称“哈罗德”）：有人要求我解释趋势跟踪交易背后的想法，我就写下了这段话。我不喜欢用术语来解释事物。趋势跟踪投资背后的一个底层思维在于，有许多人，其中还有经济学家，都相信世界是向均值回归的。所以价格高是暂时的，还会再次下跌；价格低也是暂时的，还会再次上涨——价格会向一个平稳的态势回归。

但如果你对这个世界进行研究，会发现平稳的态势是不存在的，只有持续出现的暂时性的平稳状态。看看过去的那些大发展。比如，100年前，荷兰人不通过陆路旅行，而是走水路。如果那时有个投资者说：“未来将出现陆路，人们将逐步使用马匹与马车，日后还有汽车甚至火车。不过一切都会向均值回归，大部分人还是会坐船。”这种说法怎么样？

这当然是错误的。道路交通是正常的发展趋势。重大发展一直在出现。这是市场趋势背后的主要驱动力。

过去几年里，一个大转变就是人们从驾驶燃油车转向了驾驶电动车。制造一辆电动车所用的铜比普通燃油车多两倍，因此这种转变对市场影响很大。这意味着市场对铜的需求会上涨，对其他各类金属的需求也会上涨。这种趋势不会逆转，这是一种新发展。或许50年后，人们不再开电动车，而是驾驶一种完全不同的交通工具。但我们不可能回去开20年前的车。这是一种持续的发展。

迈克尔：我很欣赏你能对工作做出接地气的解释，让普通人也能理解。投资行业中的另一些人会聊事物背后的统计学——非常学术化。请别误会，你们也很擅长学术理论与统计学。你的策略是复杂的、基于统计学的，但从理念上看，显

那些追随理念的前辈——他们的足迹指引着我们的投资策略。

然你很乐意使用日常用语来解释事物。

哈罗德：关于这一点，我要感谢一位教授，他指导我完成了统计学方向的数学学位。他是个老派教授，有工业的背景。他从之前在工业的经验中学会了如何看待问题，什么事情需要解决，哪种统计方法可以解决。如果没有适当的统计方法，他就会自己发明一个。出于这些实践经验，他获得了我们荷兰统计学博士的学位，然后又当上了教授。

> **重大发展一直在出现。这是市场趋势背后的主要驱动力。**

我的理念是：先观察真实世界，再选择方法，最后应用这些方法。人们往往从方法出发，而不是从真实世界的情况出发。可以被合理认为存在线性关系的市场并不多。你的研究如果从相关性开始，就已经错了。你可以继续计算，但问题是使用线性相关测量法，如皮尔逊测量法——这是最常用的测量法——事前假定任何关系都是线性的，但我们完全没有理由这样假定。最基本的选择至关重要。

我们经常讨论我们做的是基本面分析还是技术分析。我们从基本面分析开始：先做研究，再决定哪些方法可以使用，只有到这里才会变成纯粹的技术分析。这与其他人的做法有些相反。更传统的金融分析手法是从技术层面的元素着手，然后再进行基本面分析。

迈克尔：你刚才提到了那位统计学教授。让我们再回顾一下，聊聊你在奶牛牧场的童年时光。是什么将今日的你与在一个奶牛牧场的成长经历关联了起来？那段经历对你现在的生活有什么影响？

哈罗德：这里有很多关联，因为乳制品行业也经历了很多大发展。比如说，荷兰曾多年引领全球的奶牛畜牧业。20世纪50—60年代，美国及其他一些国家开始从荷兰进口奶牛和牛犊，然后自行繁殖。荷兰人坚持认为他们的奶牛是全世界最好的，所以他们只关心牲畜的外观和其他一些无关紧要的事，而美国和其他国家正在繁殖产奶率更高、患病率更低的奶牛。直到70年代与80年代，荷兰牧民才意识到："嘿，我们犯了个错误。"一些牧民开始使用美国公牛的基因来改良自己的牲畜，我父亲就是其中一位。这种发展要求我们用新眼光看待遗传学与统计学。我的统计学背景的起点就是研究如何论证我们应该对奶牛育种做出改善。

迈克尔： 你的数学教育背景的真实应用场景就是家庭牧场？

哈罗德： 我就是通过将统计学应用在母牛、牛犊、颜色和各种牛的基因上才学会它的。后来，在学校里，我从课本中学习统计学，两者一拍即合。但我最初的学习方式就是那样。

迈克尔： 你是在对新入行的后辈说："嗨，别急。你们在大学里接受的教育还不足以与我竞争。你们应该先去牧场待段时间？"

哈罗德： 还不止是牧场。在哪里并不重要，看看周围的世界。我在一个奶牛环绕的牧场长大，但是获得类似的经历是很容易的，比如说，去铁路公司。从观察世界开始，琢磨正在发生哪些事情，其中有什么结构，什么变化。我们的网站上有一个条目，说如果你拿到一张50年前拍摄的照片，你能辨认出这张照片是50年前的。你永远不可能重新拍摄这张照片，除非是在好莱坞之类复制历史场景的地方。除此之外，世界在持续变化。

迈克尔： 依你描述的情形，数学背景给了你关于真实世界的观点，牧场背景帮助你认识了交易。第一次出现这样的转变是什么时候呢？我们曾聊到20世纪80年代。你在哪一刻告诉自己"我要进入交易领域"？一定有一个恍然大悟的时刻，你说"好，市场中有趋势行为，我觉得很有意思"。说说你的故事吧。

哈罗德： 我的教授说想要完成学位，最好的办法是去研究真实世界的问题。那是前互联网与前电子邮件时代，我只好给各种公司写信，询问它们有没有什么问题，愿意让一个有数学背景的人来研究。我得到了两个很有吸引力的问题。一个问题来自一家乳制品工厂，另一个问题来自一家从事农产品交易的公司。考虑到我的背景，我当时想"长大后我会进入一家乳制品工厂，所以现在我应该研究一下这家交易公司，因为我对它一无所知，这会成为很好的经历"。于是我就选择了那家交易公司。

这家公司是传统商品交易商，利用期货市场来赚钱。他们开始注意到越来越多的所谓投资公司在市场上活跃起来。那些公司从不交割货物，在市场上什么也不做，但依然赚钱，这令他们很吃惊。他们说："如果这些人能在我们的市场里赚钱，那么我们自己应该能从技术层面上赚更多的钱。"于是他们启动了一项计划。我加入这项计划来完成我的研究，后来证实它很有趣。

我们做了各种各样的事情。我的第一项研究任务是检验肉牛和奶牛，也就是今天的饲养牛，与谷物、豆奶、玉米等饲料作物之间的关系。这些市场之间存在种种有趣的关系。

先观察真实世界，再选择方法，最后应用这些方法。

从那时起，我们开始进行某种套利策略研究。经过更深的思考，我们发现可以通过更基础的，或者半基本面半技术分析的方法来实现。但这样做风险更高，因为如果你犯错，错误的成本很高。当然，这基本上是所有套利风险的一大弊端。同时，我们也做了一系列其他分析，测试现存的策略，包括传统技术分析方法以及趋势曲线等。

我们的研究揭示出趋势跟踪型策略很有趣，原因之一是利用这个策略，可以同一时间在不同的市场中交易，使投资大幅度分散化。在套利交易中，如果你决策出错，唯一能做的是就是拖延，因为你认为市场最终会回到某个位置。在趋势跟踪交易中，正好相反，如果你决策出错，要么平仓出局，要么走你自己的路。趋势跟踪策略与市场关系可能会发生根本上的转变这一想法更为契合——这种想法很难用套利解释。

我看到过一个挪威交易者的相关案例，在欧洲碳排放权价格大幅变化的期间，他在德国电力期货与挪威电力期货的价差上遭受了严重亏损。气候变化之类的事件可以重创一个套利策略，而对于趋势跟踪策略来说，这根本不是问题。有趣的是，目前（2018年）市场上最好的趋势之一就来自碳排放权交易。研究过各种理念与对待市场的方式之后，我们发现趋势跟踪策略很不错。

趋势跟踪策略的主要好处是可以以分散化的方式使用。不过，我们还得解决一个问题，因为我们的公司只在商品市场交易。你要知道我们的想法出现于1987年，而那一年不适合投资股票。他们于是决定："不论我们做什么，都要避开金融市场。"我们的观点是，"有了趋势跟踪策略，你可以在所有的金融市场交易，只要能支持分散化投资"。我们得解释我们与许多传统对冲基金的不同之处，传统对冲基金通常都有金融背景，有时看不出同样的策略也适用于商品市场。基于我们在商品交易领域的经验，关于市场如何运作，我们有完全不同的视角。比如时间结构、新旧谷物之类的事情是与商品市场有关的。

迈克尔：我想让你再多聊聊这一点。你从商品期货市场起步，什么时候开始意识到趋势跟踪策略也可以应用于其他市场？还是你一直以来都知道这些技术对所有的市场都奏效？

哈罗德：当时我们并不知道在每个市场中都可以这么做。因为与现在相比，当时可交易的市场并不多。比如股票指数就是个新事物。1982年股指期货才出现，第一只是标准普尔500指数。当时没有那么多股票市场期货，自然，行业指数期货与个股期货根本不存在。但外汇与债券市场期货是存在的，而且是运用技术的理想对象。随后，我们才逐步意识到你不仅可以在股指与个股期货中采用趋势跟踪策略，还可以在碳排放权和其他各种新兴市场中采用这种策略。

价格趋势是市场固有的，就像风是大气层固有的一样。

在新市场中保持活跃挺重要的。我记得1998年前后，我们决定交易纳斯达克指数期货，当时我们最大的客户说："你们为什么在这么小的市场里交易呢？"我们说："现在小，但以后可能会扩大。"如今没有人敢说纳斯达克股指期货是个小市场，但当时它是新事物。它会长期存在吗？对，它的确长期存在。

迈克尔：从20世纪80年代和90年代早期一路走到2018年，我猜你如今在超过500个市场中交易。

哈罗德：是的。但这无关紧要，因为尽管市场有500多个，真正不同的趋势数量要少一些。现在有一个能源市场的趋势，你可以说："我们可以交易供暖用油、汽油和石油。”但某一天，比如昨天，这些市场一起下跌。我们习惯说市场越多越好——这是对的，你仍然需要分散投资——但也要明白，真正的分散投资并不取决于市场的数量，而是取决于你能够建立头寸的底层趋势的数量。

迈克尔：说到趋势，我从你说过的话中发现了另一句很精彩的表述：“价格趋势是市场固有的，就像风是大气层固有的一样。”我喜欢这种表述方式，它帮助人们思考趋势与运动之间的关系。

我想请你谈谈关于投资因子的观点。学术界一直试图在因子上突破，不过这与你的成长哲学渐行渐远。你在公司的做法是坚持脚踏实地，说“嗨，大趋势是存在的。它们的产生有合理的原因。我们可以找出这些事情发生的原因”。但趋势是无法预料的。

你如何看待因子呢？考虑到学术界的看法是有动量因子，还有价值因子，难道你仅仅通过回测就能识别并找到它，然后投资1000亿美金进去？

哈罗德：的确有一些因子存在，但是与你刚才提的那些并不相干。如果欧佩克（OPEC）有所行动，对油价，或者对石油公司的股价，或者对挪威克朗的价值产生影响，诸如此类，这才是一个相关因子。欧佩克是一个因子。央行政策是一个因子。政府造成的环境污染是一个相关因子。这些都是真实世界中的因子，与学术界认定的恰恰相反。当你谈论投资的时候，你需要解释，“我们现在基于这样或那样的原因买进铜，不是因为市场动量或价值，或是什么其他原因”。

当然，一旦有许多投资者跟踪这些因子，就会产生短期影响。然而，短期影响会导致与基础市场不相符合的价格运动，因为当投资者基于学术原因，而不是真实世界的原因买进更多铜的时候，消费者未必会消费更多的铜，或者铜的产量会减少。最终，一切都是关于真实世界中的市场，而非那些期货交割。当这样做行不通时，那些因子都会变得无关紧要。重要的因子是正在发生的事情。

迈克尔：作为一个从事交易30多年的老将，当你看到这些新型品牌营销话术出现，会觉得好笑吗？一夜之间，所有人开始谈论因子？

哈罗德：是的，但别忘了品牌自身也是一个影响市场的因子。尤其是今天，你必须明白市场短期内被一些原本不该成为因子的事物所驱动。由于投资在流动，价格可以被重要的力量所带动，而不是被基础市场的状态所驱动。人们常常认为，如今的主动投资风格，甚至是基本面投资风格，应该可以赚到更多的钱，因为有大量的被动投资者存在。但这是错误的，这些被动投资的资金流向如此之强，以至于主动的基本面投资者必须能够对抗这股力量，因为这股力量可以驱使市场走向错误的方向。市场迟早会走入正确的方向，但这对主动投资者来说就更难了。这是个问题，因为如果主动投资者无法深度影响市场，这对整体经济来说是不健康的。

迈克尔：你解释了为什么许多基础因子是有用的，但有没有哪些时刻你自己的决策被价格行为带来的简单启发所驱动呢？

哈罗德：我们必须这么做，因为我们的交易不是基本面分析试验。我们不会说：“从基本面来看，当前可可的价格过低，我们要买入。”不，只有出现价格上升趋势，我们才买入。不过我们的确发现，当市场价格长时间保持低迷之后，的确会出现显著的上升趋势，比如2018年的可可市场。

这里关系到一个问题：市场作为一个整体在什么程度上能正常运行？市场参与者在其中扮演着重要角色。如果越来越多的市场参与者的行为偏离基础市场，他们的确会产生很大影响。举个例子，如果你从基本面出发，就会问为什么特斯拉从未盈利，股价还涨得这么高。嗯，这是因为投资者纷纷买入，越买越多，然后特斯拉的股票就成为一个指数，被动投资者只能跟进买入更多。这样的情况很难停止。最终，特斯拉确实盈利了，但这无关紧要，最重要的驱动因子在指数中不断积累，结果就是股价还会持续上涨。只要强大的驱动力量还存在，你就不能做空这家公司或这个市场，哪怕你打心眼儿里相信驱动方向是错误的。

只要它正在发生，就会影响市场。

就拿英国“脱欧”来说。我们认为这个主意是好是坏都无关紧要。只要它正在发生，就会影响市场。我们要考虑到相关市场被那些支持这个主意的人所驱动。如果人们因为相信某事而投票，不论是总统选举也好，还是英国“脱欧”一类的社会运动也好，他们说的是不是真的并不重要，重要的是人们是否支持这件事。这样市场就会产生趋势，会对整体的增长产生影响。

迈克尔：我想继续谈论你关于英国“脱欧”的观点。是的，你可以有个人见解，但是不会将它纳入你的基金交易的决策里。

哈罗德：是的，但是个人观点也有些作用。我们可以观察事件会产生什么影响，我们的系统表现如何。在建立相关性时不需要考虑哪些元素？我们的工作方式对哪些地区和事件不适用？问题可以变得很简单：我们交易的市场正确吗？

我们必须认识到某些特定的事件或情形会引发趋势。我们还需要评估自己观察到的东西是否符合基础市场。英国“脱欧”公投就是一个很显著的例子。在许多方面，我们做的事正是我们曾期望的，也正是我们的系统会做出的反应。但其中也有些出人意料的情况，我们本可以更好地处理某些元素。有了这些经验，我们对在波动较大的环境中如何开展业务做出了适当调整。我们从跟踪特朗普赢得美国总统大选这一事件中获利，因为那一夜，各种市场都再次出现了不稳定的行为。由于英国“脱欧”之后我们做出了评估及调整，这一次我们获利更多。

迈克尔：在结束关于趋势的话题之前，我想引用一下你的话。这是一段很精彩的发言，我想请你解释一下，我们可以分成几部分来谈谈：

> 趋势，尤其是那些对趋势跟踪系统，比如对DTP（Transtrend的一个投资项目）来说有利可图的趋势，在某些方面可以类比为点燃稻草垛。火一旦点着，往往很难扑灭。价格趋势也是如此。同样重要的是，稻草垛通常不会一点就着。起火之前会有所谓的自加热，也就是酝酿的阶段，稻草垛的内部中心温度逐渐升高，最终导致自燃。

我应该将这段话写进自己的书里。我想“抄袭”你的想法，但是不行，所有人都知道这是你的想法。

趋势在某些方面可以类比为点燃稻草垛。

哈罗德：是的，当我们看到2012年第二季度的情况时，便研究出那些想法。你原本会预期趋势跟踪策略将在那个时期产生不错的效果。当时市场上出现抛售，尤其是针对新兴市场股票的抛售，然后又蔓延到了其他市场。通常你会以为趋势跟踪策略在这种运动中表现很好。我们从中赚了些钱，但意识到"这还不够。我们在这种市场环境里理应有更好的表现"。我们开始琢磨这一周期与之前的周期有何不同。

我们将整个事件追溯到了20世纪90年代后期的俄罗斯。很长一段时间里，油价一直走低，显然与全球石油产业有关。但对俄罗斯来说这是个大问题，因为它的经济依赖石油。直到那时，绝大多数欧洲、美国以及更远一些的投资者都未曾关注俄罗斯的状况。突然之间，俄罗斯金融危机影响了所有市场。好像起火了，火势蔓延，波及许多其他市场，甚至包括那些本不该受到波及的市场。

这类市场运动可以在某些趋势中制造大逆转。俄罗斯金融危机也可能最终导致美国股市走低。在这种情况下，我们无法从做空美股市场中获利，因为事情并不发生在美国。你只有处于事件的源头才能盈利——就是说，要赚钱，你的头寸要建立在事件发生的基础之上。

举个例子，2008年年初时，土耳其里拉已经贬值很长时间了。这是土耳其内部的问题，与其他地区无关。一个清晨，《金融时报》（*Financial Times*）突然发表了一篇文章，说欧洲的银行会因为土耳其的局势而面临问题，当即引发了人们对全球股市及新兴市场货币的抛售，南美洲就包括在内。土耳其的问题早就存在，但这条新闻引燃大火，危机立刻蔓延到其他市场。那时，我们持有南非兰特的头寸，并且在这个头寸上亏了些钱，因为土耳其金融危机导致了南非兰特贬值。如果想要从当时的局面中获利，我们必须做空土耳其市场，因为我们持有大量的土耳其里拉空头头寸。土耳其是金融危机的起源地，而且金融危机一直在持续。这一彻底的觉悟是我们做出改变的基础，我们得确保选择的项目可以把获得高额利润的机会最大化。这就好比我们在每一个可能会熊熊燃烧的稻草垛里持有可观的头寸。你必须得在那个燃烧的稻草垛里建立头寸，而不是只在被波及的稻草垛里。后者意味着你恐怕站错位置了。

迈克尔：我很喜欢你描述价格逐渐上涨或下降的方式，“自加热”——充分掌握信息的内部人士开始出手。普通人看到的是微幅上涨或下降的价格运动，他们未必能从中得出结论，但你使用的那种以价格为基础的方法可以推导出结论。

哈罗德：我们必须保证能够得出结论，因为这至关紧要。如果没有结论，我们的出发点就错了，一旦如此，就会亏钱。

这与世界的广泛变化有关。直到大约15年前，石油交易者还并不完全了解石油，但是他们阅读与石油相关的一切。交易加拿大国债的人非常了解加拿大，以及它的政治局势和货币政策。大豆交易者，比如我们的前母公司，熟知大豆的方方面面，但对加拿大的货币政策之类就没兴趣。那时有很多高度专业化的人和信息在特殊的团体中流转。

直到信贷危机开始前，那都是默认的常态。而信贷危机在2007年起源于利率市场，又在一年后传染了股票市场。今天，信息在恐慌中通过互联网和社交媒体大肆传播，导致同一时间更多的人能够接受到更多的信息。你可能会想“人们得到的信息越多，做出的决策越好”，但实际上，所有人都在同一时间接触到了相同的信息。2018年的头几天，许多人还只关注土耳其的局势。接下来的一周，他们又去关注别的事，忘掉了之前的问题。石油交易者或许不该过多关注土耳其，而是仅仅盯着石油市场，因为那与他们的业务更相关。

如果所有人在同一时间都关注同一件事，区域性的自我加热现象会变得不那么明显，因为原本应该专心交易玉米的人会为其他因素而分心，而与玉米交易相关的很多因素直到玉米交易出现问题前不会入场。这就是2012年的情况。突然之间出现了旱灾，但旱灾不是一夜之间形成的，而是逐渐产生的。在运转良好的市场中，有足够多掌握信息的人明白旱灾是持续性的，结果就是玉米价格将上涨。如果人们忙着关心当时媒体播报的其他故事导致价格没有上涨，就表明玉米市场发展不充分。识别趋势是很难的。这是过去几年中趋势跟踪交易越来越难的原因之一。你需要对交易做出各种修正，才能让它的表现好起来。

迈克尔：在我的印象里，你没有对标业绩基准的压力。如何达到这种境界呢？听完你的一席话，我看得出你有一个自下而上的良好理念。但投资者通常是非理性的。我默认你也会教育投资者。你的长期业绩很优秀，这也起了些作用。但是你如何把控你和团队不受业绩对标的影响呢？因为业绩对标会造成心理伤害，对吗？

哈罗德：作为CTA，我们面临的问题要比那些费力去紧贴指标的股票投资者少得多。我倒不是要说业绩对标有负面影响，但是在20世纪80年代，哪怕是某些最优秀的美国CTA都得不到投资机构的认可，所以也得不到投资。20世纪90年代，尤其是21世纪初，出现股票抛售，机构投资者才认识到趋势跟踪交易挺不错。

接下来，人们开始将趋势跟踪交易视为一种投资风格，而不是许多不同的交易者在做同一件事，而且都做得不错。投资者不是直接追随一个名字，比如约翰 · W. 亨利或坦普尔（Temple），他们先决定投资趋势跟踪交易，然后再决定投资哪个项目。最终，情况没有好转，因为投资经理之间存在本质差异，投资者弄明白这些差异是很重要的。趋势跟踪交易在20世纪80年代与90年代取得成功，是由于这些投资经理既做了相同的事，也做了不同的事。这些差异让他们作为一个整体变得更强，这在自然界中是普遍真理。假设你的狗与其他狗太相似，对整个品种而言就是不健康的。CTA行业也是如此，你必须从自己的观点出发，持续做出最佳决策，而不是被投资者对趋势跟踪的要求所影响。

我们之所以成功，不是因为我们按照他人的期望做事，而是因为我们做自己认为是正确的事。回溯历史，我们进行趋势跟踪早期研究的时候，看到一篇文章写到趋势跟踪有3大关键因素：（1）你应该一直参与市场交易；（2）你应该一直保持相同的交易规模；（3）你应该一直交易股票。我们自己做了些研究，得出的结论完全相反：你不应该一直参与市场交易，不应该一直保持相同的交易规模，而且永远不要交易股票。我们接受趋势跟踪理念的一切，除了那3个被视为基础的元素。

有次，在意大利的一个会议上，我与一位同事在一起。我们正去吃午饭，听到了走在前面的几位潜在投资者的对话。一位说，“咱们身后是Transtrend的人，他们很厉害。”

另一位表示同意：“对，他们很厉害。”但第一位又说：“他们不做股票，太可惜了。”“是的，太可惜了。”

这些投资者不选择我们基金，因为我们不交易股票。最近几年，有许多关于趋势跟踪者该交易什么，不该交易什么的说法。你可以看到独立投资顾问采用表格打钩的方式做选择：“你做这个吗？”“你做这个吗？”“你做这个吗？”这导致投资经理无法做出最佳决策。

用打钩的方式做选择，然后说一个采用趋势跟踪的CTA应该交易股票，否则你就不该投资它，这让整个行业变得很不健康。过去几年中，我看到CTA的发展变得更加多元化，这很重要。CTA需要研究市场，尽力赚钱，但是没有规则说他们一定要交易股票，或是使用交叉策略，或是动量策略，或是由某些东西来定义的风险价值衡量模型。绝对不需要。

迈克尔：从20世纪80年代后期开始，你就一直是系统化交易者吗？

哈罗德：是的。我们的研究项目中有一些内容更多是基于基本面分析。我们最初的入场交易规模不小，但是如今我们将那类交易称为商品期货市场中的高流动性交易。我的第一个研究是关于养猪，以及1998年的旱灾对生猪产量及玉米产量的影响。你那时会预期出现什么样的价格行为？我们决定在核心生猪品种上建立多头头寸，并且赚了100万美元。从那时起，我们就将投资用于我们的长期研究。最后，我们所做的一切都是系统化的，但仍会衡量基础市场。

迈克尔：我想用一个观点来扩充一下你刚才所说的话。你打下了了解事物如何运行的基础，然后将真实世界中的因素运用到趋势跟踪方法中。但有些人可能不知道你是系统化的，这让事情变得更加曲折。你可以拥有强势的观点，但是最终，系统是写出来的，是一套程序，你用系统化的方式执行观点。

哈罗德：的确如此。我要澄清一下，我们的工作过程不是阅读某些规则然后就去应用。我们研究市场，然后基于研究选择一些技术方法，并系统化地应用。这与从技术方法本身起步不一样。

迈克尔：我想过去几年出现了一些变化，但很长时间以来，学术论文和诺贝尔奖得主都在告诉你："哈罗德，市场是有效的，你不能像现在这样做。这样行不通。你看30多年过去了，你还是感到很困惑。"我很怀疑你是否真的感到很困惑。你对自己的方向感到很满意，但是在职业生涯中，看着学术界和华尔街的那群人一直谈论有效市场，一定很有意思。

哈罗德：我早已与学术界背道而驰。我甚至不想再将其中一些人称为学者。看看有多少已发表的文章，里面不过是一些理论上的结果。如果20年前你想发表那种文章，讨论的对象是你是否应该考虑1.0%或1.5%的价格影响。结果总是一样的，"你似乎赚了钱，但如果算上成本和市场影响，实际上毫无成果"。现在，你可以读到越来越多的文章，声称市场是有效的，流动性也很高，所以我们不必考虑任何市场影响。

如果不是受市场交易者的影响，市场怎么会波动呢

我无法理解其中的学术逻辑，因为如果不是受市场交易者的影响，市场和价格怎么会波动呢？投资者的角色就是意识到他们自身会影响市场，但他们不是从市场中获利的人，并且市场自身也会自动向特定的方向运动。全体参与者构成市场，所有波动制造出市场影响。

市场影响是自动产生的——这一学术论点是站不住脚的，因为它在否认市场由参与者推动这一事实。就拿苹果公司的股票为例。人们可能认为，那么多人购买iPhone，苹果公司的股价一定会上涨，事实并非如此。苹果公司也许会卖出大量手机，但是如果没人买入股票，它的股价就不会上涨。只有当有人愿意以高于之前价格的成本买入时，股价才会上涨。我们都希望他们买入是由于他们预期苹果公司将会卖出更多手机，但如果他们忽略了这个因素，股价根本不会变化，甚至有可能会走弱。市场影响是唯一能够驱动市场行为的因素，全体投资者都必须考虑这一点。我们必须意识到，永远不要忽略基础市场。

迈克尔：考虑到你在趋势跟踪交易领域的常青树地位，留下可供人们研究的真实记录是一件很令人欣慰的事。当然，过去是过去，我们不知道未来的状况，但总能从长期记录中得到些结论。那么多学术专家拿着论文进入基金管理领域，依赖那些未来不一定管用的技巧募集到大笔资金，这种现象有些意思。

哈罗德：我最近做过一场演讲，主题是关于商品中的责任型投资。许多投资收益来自商品期货的买入持有策略。有些人拿出一套半学术的观点，说明为何在商品期货中长仓会产生某种风险溢价。这些观点完全是错的。按常例，风险溢价一般都是由多头而不是空头支付的。这有一个基础性的原因。因此，所有这些半学术性的观点指出，"嗯，你可以进行长仓投资，你可以这样做，并得到风险溢价"，他们往往指的是保险索赔。

对于任何想投资商品的人来说，都有一条基本准则。如果有个投资人解释他的策略为何有效，然后他指的是索赔，你就可以肯定他没读过索赔条款，要么就是他读了但是根本不懂。这种投资者绝不可能在这种策略上赚到钱。识别商品交易市场里的糟糕投资经理的最佳方式就是看看他们是否提到索赔。

我曾经遇到过一个投资经理，他将索赔描述为"持有成本"模式。这是基于这样的想法：储存一种商品，然后在未来的日子里出售；当前期货和未来期货之间的价差是持有成本，换句话说，就是储存该商品的成本。投资经理以喂牛为例来说明这一点。我们可以先假设说，在喂养时，奶牛的年龄必须在3至6个月。你不可能将这头牛的成本储存一年，一年之后，还让它的年龄保持在3至6个月。有些人愿意相信牛可以过一年而不变老，但这是完全不可能的。将这种理论用在毫不相关的事物上，是对学术理论的非常糟糕的应用。

迈克尔：你觉得定居在鹿特丹，或者说荷兰给你的职业生涯带来了什么优势吗？

哈罗德：有，也没有。距离可能会令潜在的投资者却步。通常来说，潜在投资者会飞往伦敦，在那里他们可以花几天时间和各种投资经理会面。他们不会来荷兰见我们，或者去瑞典和巴黎见我们的同事，就是因为距离。不过，愿意花些功夫来见我们的人通常更有合作的动力，也意味着我们在没那么认真的投资者身上少浪费了一些时间。这既是优势也是劣势，取决于你怎么想。

另一个不同之处是我们的员工。我们不争夺那些可以为另一家基金工作的人。这些员工选择了与我们共事；如果他们不想与我们一起工作，他们中的大多数可能压根就不会进入金融行业。通常来说，对于想要进入CTA或对冲基金的本地学生，以及荷兰本土学生，他们的选择不多，这对我而言也是个优势。由于我们与其他CTA不同，我们更擅长形成自己的观点，这也是个优势。在伦敦，很多人先在一家CTA工作，然后再换一家，又换一家，最后你会发现这些CTA的想法大同小异。我们在这里有点与世隔绝，大家以自己的方式行事。

迈克尔：你不想沾染到各种负面影响。

哈罗德：这不是我们想不想的问题——这在于保持独特性，然后处于一个让自己成为自己的地方。

迈克尔：我有许多与你的同行交流的机会。我们或许有共同的朋友，只是不知道而已。改天我会去一趟鹿特丹，到时候与你共进午餐。我已经很久没去过阿姆斯特丹了。

哈罗德：当心点，阿姆斯特丹和鹿特丹可不是一路的。

迈克尔：这两个城市不是一路的？

哈罗德：不是。

迈克尔：你们不想和对方扯上关系？你们在鹿特丹画了一条界线，阿姆斯特丹人不许入内？

哈罗德：每次足球赛上阿姆斯特丹对战鹿特丹，阿姆斯特丹的粉丝都不能进入鹿特丹。

CHAPTER 3

第3章

杰瑞·帕克

无可争辩的顶级海龟交易者

杰瑞·帕克（Jerry Parker）于1988年创办了切萨皮克资本公司。切萨皮克资本公司向全球的个人及机构投资者提供投资与资产组合管理服务。1983年，杰瑞进入海龟交易者训练班，开启了他的职业生涯。海龟交易者训练班是一个选拔性的投资培训项目，由一位成功的芝加哥投资组合经理创办。1988年，培训班结束时，帕克用自有资金交易了约5年，然后决定继续发展专业的资产管理事业，从而创办了切萨皮克资本公司。

切萨皮克资本公司的投资组合对做多或做空并无偏好，因此可以从上涨或下跌两种市场环境中获利。切萨皮克资本公司积极关注并可以投资全球超过90个市场，包括实物资产市场，例如咖啡、原油及黄金，也包括全球金融工具，例如德国政府债券、美国股市指数，以及全球货币。

迈克尔的话

当我在2012年开始录制《趋势跟踪》（*Trend Following*）这档播客节目时，从没想过能制作1000集。

世界上只有少数几人可以像我一样——如果你把我在播客中说的话用人工智能处理一下，可以制造出一个人工智能版的迈克尔·W. 卡沃尔来。如果将我所有的书和音频内容混合起来，然后给人工智能一个新主题，它就能够以我的身份滔滔不绝讲下去。

所以当我仔细斟酌第1000集拟邀请哪位嘉宾时，我想起了自己职业生涯的起点。那是1994年，我前往所罗门兄弟公司面试。面试进行得不太顺利。结束后，我走进一家鲍德斯书店，看到了《金融世界》（*Financial World*）的“华尔街100位高薪精英排行榜”（Top 100 Paid on Wall Street），然后读到一段夸赞杰瑞·帕克的文字。那个小段落似乎是这么说的：“杰瑞居住在南弗吉尼亚州。他接受过如何使用跟踪系统的训练。”那一刻对我而言非常神奇。我心想，我不认识那位叫作杰瑞·帕克的家伙，但是如果他能接受训练，我怎么就不行呢？我刚读完MBA，以为自己必须掌握资产负债表，搞懂沃伦·巴菲特（的投资方法）之类的东西。但是现在有一篇杂志小文章，写了这个住所离我只有90分钟车程的家伙，于是我开车前往他的办公室。

接下来的一年半里他都拒绝接受我的采访。最后我给他发了一封电报，写了类似于“10大你必须立刻与迈克尔·W. 卡沃尔会面的理由”的东西。几分钟后，他的助理打给我说：“你有30分钟。”

1995年12月，我前往他的办公室。那是我与杰瑞·帕克的首次会面。他是过去40年中趋势跟踪交易的传奇之一，是最早的海龟交易者之一，无疑也是最成功的一位。

迈克尔：回到1983年，你能想象与未来2021年的自己对话吗？你们会谈论些什么？

杰瑞·帕克（以下简称“杰瑞”）：对话可能是这样的：你的眼界太低了。你永远都不知道什么会发生，尤其是好事，那些妙不可言的事情。你可以永远仅仅对你所知的和你期待的感到满足。生活通常很美好，尤其是对被惯坏了的美国人而言。不论我们在何处，只要我们快乐，生活就是美好的。我们有伟大的计划，宏大的期望，但我的人生有一个特征——超越期望很容易，因为世界的进化方式。

迈克尔：我想在1983年，你已经对趋势跟踪略知一二，但对你来说，你在1984年早期经历了相当大的变化。回想过去，你是否会觉得“这段经历真疯狂”？

杰瑞：第一天起，我就清楚地了解我和同学们得到的机遇有多棒，那些天才交易者原本可以用这些时间和精力去别的领域赚很多钱，却来亲自教授我们，这是海龟交易者培训班的最大收获。我们从巅峰起步，站在高手的肩上。我们对所学的东西以及它将如何帮助我们发展有很高的期望。

然后，你一下子就开始获得100%、200%的年化回报。但离开培训班之后，创立自己的生意，管理期货行业的扩张，以及CTA管理大量资产，这都是全新的事物。

迈克尔：我知道你对这一类问题很谦虚，但我觉得你会赢得海龟交易者的耐力赛。

杰瑞：赢的一部分在于想要入场参与，哪怕你已经赚够了钱。另一部分在于坚持原则。在这一点上我绝对是第一名，因为我确实坚持了趋势跟踪交易法则。最近我学到一课，就是我的导师们对系统化交易而不是趋势跟踪交易更感兴趣。20世纪90年代后期，我继续进行周期更长的交易，延长回顾期，从而得到了一些经验。我一直坚持同样的策略，几乎不做任何改变。我会做一些研究，想出一些改变方式，之后会说“噢，那种改变不好。我需要恢复原状，不要为了避免回撤去添加华而不实的和没有必要的东西”。

赢的一部分在于想要入场参与。

我的意思是，如果你想避免回撤，就坚持原则，通过趋势跟踪的滤镜来检验世界。我甚至会跟一些海龟交易者说：“我打算交易单一股票，和指数进行对比。”他们之中的一些人会说，“噢，太好了。这样一来，除了趋势跟踪，你还可以在股票研究或选股方法中增加一些基本面分析或者别的方法”。我的回答是，“不可能。我永远不会那样做”。我永远都不会放弃1983年学到的那些基石原则。

迈克尔：一小群人接受了来自天才交易者的教育。这是一个传奇故事，但可能其中一些人被不公平地安置到了错误的人生位置。我曾有幸见过几位你的同学，他们非常情绪化。你谈论趋势跟踪话题时带着禅意，这很有趣。即使人们可以在理查德·丹尼斯（RiChard Dennis）和比尔·埃克哈特（Bill Eckhardt）的指导下执行交易，但当这些交易者离开培训班进行自主交易时，他们没有抓住你描述的关于情绪的问题——如何与情绪共存。

杰瑞：你可以就这个话题继续深入。这很容易解释。我的孩子都处于20多岁、30多岁的年龄，假设他们想要从事交易。或许他们的数学不太好，或者心不在焉，但我可以教他们“在这里买入，在这个突破点买入，在那个突破点卖出”。在某种程度上，即使他们对交易中的数学一窍不通，也能赚到足以舒适生活的钱。你并不需要研究得过于深入。在某种意义上，如果你没有沉迷其中，只是在早上交易，然后出去玩乐，那么可能你就没那么想要改变它。

对我来说，这其中有许多深意。我在挖掘趋势跟踪交易法则的内涵，尤其是你在面对应用或不应用这些法则的机会时。我发现，将一生的时光花在打磨趋势跟踪策略上，的确不虚此生。其他CTA会说，“好了，我已经搞定了趋势跟踪策略。我要添加均值回归、形态识别、利差交易等各种各样的东西，我知道如何计算移动平均值。现在大功告成了”。我会觉得“不，那样未必可行。你可以深入研究策略，至少了解什么行得通，什么行不通”。

迈克尔：2020年1月到2021年8月（直到2022年）是趋势跟踪交易的辉煌时期。在很长一段时间里，许多人都说趋势跟踪已死。甚至有些你我都很尊重的趋势跟踪交易大师也说趋势跟踪有问题。但你还是坚定不移。我知道你不会到处宣扬说“我早告诉过你了”，但事实就是你确实早就告诉过别人了。

杰瑞：当时有这么多市场都出现了非常不错的价格运动，包括货币、商品、谷物、金属、贱金属、木材。有些市场表现得很突出。我足够幸运——我的资产组合中有特斯拉的股票。去年秋天，我们学到的重要一课就是这不是我们的错——除了将趋势跟踪放在首要位置。你不能指望靠5%的交易就能赚到你所有的利润。你有那么多分散化的投资。你得弄明白什么时候商品期货行不通，得加仓股票和债券。选择趋势跟踪策略和分散化投资可能是错的，但我不相信。我相信我们要研究所有数据，而不仅仅是近期数据，并且坚持原则，而不是试图弄清楚我们处于什么体制下，给系统增加负担，这会影响系统的表现及结果。

这不是我们的错——因为我们没有大额非常规的交易，所以我们并没有做错事。除此之外，就像我说过的，或许我们一开始就不应该采用趋势跟踪策略。现在我们变谦逊了，因为帮我们付账单的是这些美妙的趋势，我们的主要任务就是在趋势中什么都不做。2020年10月及11月出现了突破点——市场开始疯狂上涨。只要你没有设置什么指标或盈利目标，而只是在出现暂时回调时静观其变，并由此触及了你的交易止损指令——其实大部分也没有被触及——那么你就会表现得很好。

在这些惊人的趋势中，我们的主要工作就是什么也不做。

这其中的教训是，不论代价，哪怕出卖你的灵魂，也要为了离群盈利交易[①]腾出仓位。在特斯拉的股票交易中，起初价格大幅上涨，平均真实波动幅度（ATR）指标达到50，然后股价回撤到49美元，现在涨到了400美元。根据你的回顾期，如果你看的是50日最低均值或者75日最低均值之类的话，肯定可以卖出好几次——这样可以的。但是如果想做长线投资，回撤的痛苦是你为千百倍的ATR利润付出的代价。想做到半途中不拿起电话或打开电脑去卖出获利，需要很大的胆量。

迈克尔：你刚才聊到两位导师理查德·丹尼斯与比尔·埃克哈特时谈到一个观点，我想再聊聊。你将他们归类为系统化交易者，而未必是趋势跟踪交易者。我可以将你归类为系统化趋势跟踪交易者，对吗？

杰瑞：绝对可以。

迈克尔：你可以解释一下，系统化但未必是趋势跟踪是什么意思吗？

杰瑞：在某个时间点，就拿20世纪90年代后期来说，我们作为海龟交易者使

① 离群盈利交易是指平均盈利在n倍标准之外的盈利，一般认为其是小概率发生的交易。

用的短线趋势跟踪策略的表现不佳。从那时起一直不太奏效。

我的想法很简单："如果20日最低均线行不通，那么120日均线能用吗？"然后通过不断调整回顾期，你不会将大趋势切片化，以至于错过趋势。如果出现大趋势，你的止盈点会离当前很远，你也会经受更大幅度的回撤，这就是代价。这很容易理解。

对于那些说"这看起来不像是一个良好的风险回报权衡"的人来说，这是无法接受的。我宁愿看看更短的周期，将回顾期保持在2到3周。你的典型离群盈利交易可能是20个ATR，而我的典型离群盈利交易可能超过100个ATR。他们（理查德·丹尼斯与比尔·埃克哈特）更致力于的是，好吧，它可能看起来不像我们教给海龟们的趋势跟踪，但它将是系统的、基于规则的、经过回测的东西。

从海龟交易者培训班的第一天起，众所周知，理查德·丹尼斯和比尔·埃克哈特对趋势跟踪的未来持怀疑的态度，包括对相关参数，以及他们教给我们的方式。他们当时说"这恐怕不长久"。然后我就想："我在这里做什么呢？"海龟交易者培训班结束前，大家就已经对趋势跟踪的可持续性感到悲观。

尝试进化并脱离那些对他人很有诱惑力的参数，是一种非常好的心态。我已经解决了这一切，因为我的投资周期如此长，愿意在盈利交易中承受大得如此离谱的跌幅，我猜想这吸引不了太多其他聪明人。

迈克尔：假如参数设定已经改变，为什么还要坚持原则呢？有趣的是，早在那个时期，这些聪明的传奇交易者就对趋势跟踪策略感到悲观。但你作为一个学员说，"我认为长线交易有些价值"。接下来的几十年里，一代代人入场又退场，如果未来还有人使用杰瑞·帕克的策略，他们貌似会表现得不错？

杰瑞：绝对可以。过去几年有一个现象，就是现在的趋势跟踪已经变得和我心目中的经典趋势跟踪策略（一个入场规则，一个突破点入场，一个突破点离场和一个止损指令）不同。只要信号在移动，你就很难打破策略。或许你可以在入场时机方面增加一个参数。

现在的策略从"让你的利润跑起来"变成"夏普比率是多少？"以及"我们要

关注日化、周化、月化收益率表现”。如果你关注的是收益的波动性，就很难让利润跑起来。我们有风险保障，足以承担这些小亏损。这似乎很棒——这就是我们的资金管理。我们疯狂地分散投资。我们既做多，又做空，然后承担一些小亏损。但有一个变化，就是我们需要开始关注盈利交易的波动性。

如果盈利的交易出现回撤，它们就会被重新定义为亏损。这算怎么回事?

我坚决反对这种观点。我没办法在接受它的同时保持清醒并坚持让利润跑起来的理念。在盈利的交易中，你可能会损失几百个基点，而在亏损的交易中，你最多损失25或50个基点。这种巨大的变化几乎会影响每个人，除了一小群像我这样对瞄准夏普比率说“不”的人。

迈克尔：以前你说起过那些欧洲的CTA既有趋势跟踪策略，还有些“别的东西”，我想你指的是很多出名的交易者的确添加了一些东西，但其中一些带来的结果不尽如人意。

杰瑞：他们至少添加了两种东西，一种是我刚才提起的形态识别、利差交易、短线交易、均值回归，或许还有人工智能和机器学习之类的东西，都是为了改进趋势跟踪交易组合。管理期货基金是对冲基金类型中少有的不允许根据纯粹的趋势做资产配置的类型——你必须自己建立一个投资组合或策略组合来募资。我对此没有任何兴趣，但这还算不上令我反对。

更令我反对的是波动率目标策略和对夏普比率的关注。夏普比率在趋势跟踪交易中没有一席之地——不论是上行风险还是下行风险，这都很荒谬。你要让这些利润跑起来。而风险就是亏掉这笔交易，以及每笔交易你能够承受的亏损。

那些做大做强的欧洲CTA很善于构建业务，扩大资产规模。我认为，他们明白要想通过管理他人的资产赚大钱，就要尽可能地利用人们可接受的趋势，然后再添加一点营销话术：“嗨，面对高波动性环境，你可以选择那些传统的趋势跟踪交易者，也可以选择我们这种更丰富、更科学的操作方式，我们有博士团队，我们看待市场的方式与

有时候，策略不是最优的，也会有不错的表现。

传统不同，传统方式考虑夏普比率和收益波动率。”

如此一来，他们就有很好的商业机会，“来配置我们的基金吧，我们自有一套”。

如果我与潜在客户沟通，我会说我们是少数没有目标的CTA，我们就让利润自己跑，也交易单一股票品种之类的标的，所以你的投资组合需要配置两种资产。但我猜有些其他CTA会忍不住贬低海龟交易法，然后试图将这件事弄得更科学一点以建立自己的名声。将我的交易称为科学会令我很尴尬，虽然我觉得它的确算得上科学。让我保持动力的正是他们贬低海龟交易法，以及趋势跟踪这种交易方式的简便性。现在看看我们，我们将海龟交易法提升到了新高度。从长远看，我觉得没有什么能胜过经典方法。

迈克尔：对投资者来说，挖出杂草，定义并理解基本原则，能够看透光鲜的营销并掌握其中的哲理，这是很难的。其次才是规则和执行。他们得真正了解你所说的关于5%离群盈利交易的内容。当有那么多人在大喊他们又有了重大发现时，这是挺难的。

杰瑞：有些时期，哪怕你做的事情不对，策略也不是最优的，还是能赚到钱，尤其是碰上短暂趋势的时候。多年来有许多这类交易，例如我记得棉花获得了反弹，有15或20个ATR，而我把赚来的钱全部输回去——第2周棉花就崩盘了。而假如你的策略在我眼里不是很好，但你从中获得了一些利润，你的策略看起来就更好些。客户通常意志不坚定，想要相信你的策略。如果你能让他们相信，他们可以拥有自己想要的东西，并且你能尽量降低自己策略的负面性，他们就会全盘接受。没人想听到“多吃点西兰花”。而当其他CTA的表现更好时，这几乎是我们一直在说的。

我永远不会说服任何人，让他们相信理查德·丹尼斯和比尔·埃克哈特给了我们大为优越的系统和理念，但这绝对是事实。这正是我们的初心，也就是为自己交易。或许你有几个客户，但客户总在诱导你犯错。他们无法理解。你做的事的基础是很难的，是反直觉的，让利润跑起来并接受波动性是很难的。你需要意识到，不管潜伏在那里的是什么，都不会有人吹嘘你，对你的交易策略进行赞美。而这一策略会赚到最多的钱，成为最强大的策略。

没人想听到“多吃点西兰花”。

其他人都是从这些大型交易公司出来的，这些公司有营销部门，并且募集了很多资产。他们可能最低限度地强调研究或一般的趋势跟踪、移动平均线交叉和诸如此类的东西，然后就完成任务了。他们是这么想的：“我们应该怎样组织起来？什么能吸引别人对我们进行大笔投资？”这就是为什么大型机构如此擅长募资——他们的首要目标就是募资。

迈克尔：我在你的社交媒体账号上看到一句话，我想你是在引用他人，“大崩盘通常是由极度自负造成的，这导致人们相信他们自己的危险故事，你可以准确预测，使用杠杆，因为自己的预测一定是真的”。我想请你评价一下这句话。但同时也想听听你关于这个观点的想法：鉴于我们当前的情况（2021年夏天），许多市场都在扩张，特别是美国股市，那里可能已经有些潜在的泡沫，可能在未来某个时候被刺破。他们所做的正是你所描述的，但杠杆作用被隐藏在牛市中。

杰瑞：这句话是个不错的名言。你说到点子上了：对有些人来说，趋势跟踪策略之所以这么难，就是因为你可以自行往里面加东西。而趋势跟踪策略的伟大之处在于它只需要一个入场规则，一个离场规则，一个止损指令，就大功告成了。我想说的是，我很抱歉，但你的未平仓交易会出现一些回撤，这会使你感到不舒服。因为这是我们的钱，我们已经花掉了。

现在有的人甚至将回撤称为“公开交易损失”。你对那些拥有博士学位的聪明人说：“好吧，你已经完蛋了，现在回到市场或做点其他事情。”他们说：“不，我不想完蛋。我总是可以改进，我需要摆脱这些高波动时期，这就是眼前的问题。”聪明人很难说：“够了，够了，我不能在此基础上改进。”

现在最糟糕的东西就是回测。我喜欢看交易统计数据——平均获利、平均损失、获利交易百分比、盈亏比率等。人们有些爱上了股票曲线回测，回到20世纪70年代和80年代，看着市场如何上升和下降，并从中获取一些关键线索。但我不认为有任何线索，除非你挑出任何你在过去见过的风险，并且赌它在未来看起来会更糟糕。

其中有些公司非常强调研究、变化和进化，因为这是客户想听到的，但真正的趋势跟踪在于我们从不改变。问题是我们总在寻找越来越大的样本量。而且，自20世纪80年代和90年代以来，世界已经发生了很大的变化，使用这些交易还可行吗？不跟随时间的推移而发展和改变会使人们紧张。这是很多行业的招牌："看看我们做研究，看看我们的发展和进化。"这反而违背了经典的趋势跟踪策略。

迈克尔：经典的趋势跟踪交易就是利用经典的人性，人性似乎不会变化，对吗？

杰瑞：我不这么认为。这关于回顾整个时期，看到你有这些离群盈利交易并且有这种波动性——这没关系。对很多人来说，电脑这样说还不够好："嘿，如果你每笔交易的风险是50个基点，这些参数将为你赚取最多的钱。"好吧，我需要消除其中一些糟糕的日子和月份，因为我会收到电话和投诉。在内心深处，我认为这对交易者的困扰和对客户的困扰一样多。他们实际上认为，瞄准波动性目标，设立特殊的规则，获得特殊的利润，是他们应该做的和想要做的事。

迈克尔：任何以前听过你谈话的人都会想，"他看起来是个很自律的人"。我知道你在很长一段时间里都很关注健康、健身和体重。我对杰瑞·帕克的精神面貌很好奇，因为你年轻时对待身体健康的态度不一样。

杰瑞：我觉得锻炼会深入内心，这就是秘诀。我们都明白我们可以练习弹钢琴或打篮球，这些都是可以通过练习而取得进步的。我记得自己决定健身的那次。我当时40岁，身材一直很差劲，所以，我的期望值很低。但我开始意识到日复一日，只要能每天迈开腿，你就会进步，你练习，学习，慢慢弄明白那些你以为不可能做到的事。这是纪律。只要我开始看到成果，不管是交易，还是节食、健身，我就加倍努力，做到极致。

我试图将每件事都做得纯粹又极致，直达核心原则，成为能将事情推进到更远大、更高境界的那个人。看看我是否能尽可能地突破极限。当你起步时，可能

趋势跟踪的基本原理

就是，它很难做到。

什么都不想，除了“我要减掉几公斤”。健身开始取得效果后，我变得越来越兴奋，就想“我要恢复高中时的体重”。当你渐渐看到自己在执行原则方面取得的成功，明白什么可行，什么不可行时，你就应该尽力突破那些你以前想都不敢想的极限。

这正是我所擅长的。我很容易对事物着迷，比如交易、节食和健身，但之后就会理解基本规则，逐步学习，听取他人建议，说“好吧，我以前都不知道”。听起来好像和我的理念不相符，但我会继续思考，将它列在需要探索的事物清单上。也许我之后会放弃它，或将它列入计划来执行。我对人们和我谈论的关于交易、节食、健身以及一切我感兴趣的事物都怀有异常开放的心态。现在这很少见。

> **我可以把我的法则印在报纸头版，人们会来批评它。**

里奇曾多次说过，“我可以把我的法则印在报纸头版上，但没有人会遵守这些法则”。他的意思是，遵守法则太难了。小规模的亏损，40%的赢率，让你的利润跑起来。不过我觉得，现在我可以把法则印在报纸头版上，然后所有人都会批判这些法则。“它们太简单了。你根本不知道你在说什么。我在大学里学过这些，你没有使用夏普比率。”看待导师，以及那些学过很多东西的前辈的最新方式就是反驳他们。我喜欢有益的争论。我一直在社交媒体上争论，让他人批判我的观点，这样我才能学习，优化我的回应。

迈克尔：你说的关于练习与经验的内容很有趣。你对健身一无所知，而且已经40岁了，你开始减重，而且因为现在你正在亲身体验它，某种神奇的动机出现了。这很难与他人分享，因为亲身体验正是神奇之处。突然，就好像“哇，搞定了，谢谢你”。这感觉太棒了。你会相信这种体验，但很难与人分享，对吗？

杰瑞：很难。曾经有些人对我说：“把你做的写出来，你做了什么？这样我也可以照着做。”我自己尝试过一次，然后对着清单摇头，因为你不想先读清单再开始。你最好像婴儿学步一样，自己将事情搞明白。我有一种强烈的好胜心——一旦我瞥见了那些我原本不敢想的成就，就会激发这种好胜心。

和海龟交易者们在一起时我也是这种状态。我记得自己痴迷于赚到1亿美元。朋友们都说："你怎么回事？你怎么不能冷静点？"我说："不不不，1亿美元。我要赚1亿美元。"我的好胜心极强，没拿到第一名就不开心。我失败时的心态很糟糕。我搞不清是什么让我如此争强好胜。

从海龟训练班的第一天起，我大约就是最不自律的学员，但幸亏缺乏自律没给我带来什么麻烦。每天我都受到严厉批评，因为我没有遵守自己系统的规则。我可以立刻看出不遵守规则的坏处，那就是没法收到正向反馈。这么多年，我一直在纠正自己，提高自律性。不过老实说，由于我缺乏完全的自律，最后赚到的钱离1亿美元相差甚远。这个故事有点惨。我们还是别说下去了。

迈克尔：让我们谈谈极端市场。我想从你的推文中引用一句话，我想这是你从别处引用来的。这句话是：

> 即使市场有泡沫，你也应该保持多头，直到触发了趋势跟踪的退出指标。就是这样。这就是规则。无人知道明天、下周、下个月和下一年市场会如何表现，价格会在什么位置。

这令人很难把握。有些聪明绝顶的人可能会说："我们在甲乙丙等资产中发现了大量泡沫。"然后他们就想用上全部聪明才智去解决问题，但事情没办法这样解决。永远有人跟在事实之后去完美预测泡沫和泡沫的破裂。但你的生活和交易策略不应围绕着这点：试图预测在你的生命中会出现的泡沫。

杰瑞：泡沫毕竟是罕见的。如果你遇上了，但又很幸运（没有亏损），你应该走开。很多名人在2007—2009年大赚一笔，然后又去创立对冲基金。接下来，对冲基金开始亏钱。也许你拥有的一切就是那一笔大交易。

我认为我们有泡沫中的泡沫。我的两位都叫"莫里茨"的朋友说过一句话："我一生的财富可能都来自市场泡沫。那又如何？谁管得着呢？市场走过头了。这很疯狂。我们乘势而上。或许这就是趋势跟踪行得通的原因。这对我来说很好。”

我逐渐学到的一件事就是你无法预测市场。不仅如此，今天的市场对明天的市场也没有影响。我曾多次经历这种情况。周五闭市前，市场一片高昂，我赚了无数的钱。周末过得非常愉快。我感觉良好极了。我处于股市的高点。那批市场在高点收盘，如此强劲。当然啦，它之后又开始崩盘。反之亦然。

你觉得你看出了这些形态，并认为它们如此明显。我不敢相信，自己等到100日最低点均线位置才离场。我为什么要这么做？所有朋友都赚到钱了。然后，突然之间，市场反转，又开始走高。大概率上，市场就是双向的，我们都知道人生中的某些预测是不可能实现的。只要谨守你的策略，你还是会在一些情况下赚钱，而且大体上你会赚钱。如果这样做不行，计算机会告诉你的。但如果你的持续反转足够多，就会将价格推上新高。所以这是一个教训：在早上执行交易，然后直到收盘都不要再去看它。

读到他人写的关于泡沫和盘前盘后的股市交易的内容挺有趣的。他们做了那么多年，还那么紧张，而且错了那么久。我却可以在我的小泡沫中稳稳当当，跟踪趋势，不用费太多心思。

让他们如此沮丧的想法就是：“我要揭开泡沫的秘密。”但我在20多岁时想的是：“我要揭开坚持趋势的秘密。”我意识到，我需要关注如何捕捉离群盈利交易，而不是研究它们离群的原因。我的意思是，对我来说这是浪费时间。但对某些人来说，却有重大意义。

今天的市场对明天没有影响。

也许在我听说趋势跟踪前，我骨子里就已经是个趋势跟踪者了。那是我这些不可思议的奇妙经历生长的土壤。我如今60多岁，记忆力大不如前，但我对里奇和比尔对我和海龟学员们讲的话有非常精确的记忆。

迈克尔：社交媒体上你最喜欢谁？你能随口说出几个名字吗？

杰瑞：我喜欢莫里茨·塞伯特（Moritz Seibert）与他的伙伴莫里茨·海登

（Moritz Heiden），他俩的公司就叫“量化二人组”。我还喜欢“顶级交易员现场”的主持人尼尔斯 · 卡斯特鲁普–拉森。理查德 · 布伦南（Richard Brennan）也不错。我常常引用摩根 · 豪泽尔（Morgan Housel）的话。还有之前在约翰 · W. 亨利的公司的马克 · 热普钦斯基（Mark Rzepczynski）。还有罗伯 · 卡弗（Rob Carver）。我在Clubhouse聊天室里拥有很多粉丝，我从他们身上学到的，与他们从我身上学到的一样多。就像你说的，我从新闻和他人的话语中搜集内容，将它们改编为对趋势跟踪交易有益处的话，然后发布出来。

我想回到之前的一点，如果我们这些海龟交易者可以在里奇手下再多工作一段时间，体验肯定会很不一样。事后想想，我们当初得到的指导是如此重要，远远超过规则本身。我曾用过一个不太恰当的类比：“这是操作手册，好好当一名海军陆战队士兵吧。”这是不可能的。操作手册是必要的，但没去过新兵训练营，你无法成为一名真正的战士。从里奇和比尔那里学到一系列规则，和他们共度4年是无可替代的，如果再多来四五年会更好。我觉得海龟交易者留下的优秀传统体现在交易、纪律和商业方面。如果我们的学习时间更长，我们在日后的工作中就会更加出色。

那段时光，而不仅仅是那些规则，对我们的成功起到了不可替代的作用。即使当时他们可能一个来月才来和我们交流一次，但我们知道，背后有他们的支持。毫无疑问，与他们一起探索20世纪80年代和90年代的市场，是巨大的收获。

迈克尔：海龟交易培训班结束后，你经受住了时间的考验。但我想肯定有些学员在里奇和比尔的辅导下表现还不错，但其实本身并不适合这类职业。还是说你觉得假如每个人都能再多学习一段时间，就像你推测的那样，对那些需要更多时间的人会更有帮助？

杰瑞：对，有可能。我们度过了4年不错的时光，赚了很多钱，经历了市场的起伏，与交易、趋势、亏损共存。我们可能会有一两个亏损年，或者换个环境，比如暂时离开办公室回家办公，然后再每个季度聚在一起，相互分享一下自己的近况，这样做可能很不错。

所有人都待在一起不见得对交易有巨大的积极作用。里奇希望从团队中获得一些创造力，但我不认为他得到了太多创造力或新想法。如果能集体共度困难的交易周期，对大家都有好处。

说明

想进一步了解理查德·丹尼斯、比尔·埃克哈特以及海龟交易者的故事，请阅读我的《海龟交易特训班》。

CHAPTER 4

第4章

汤姆·巴索

享受旅程

汤姆·巴索（Tom Basso）是一位已退休的美国对冲基金经理。他是Trendstat资本管理公司的创始人及董事会主席，曾是《新金融怪杰》（*New Market Wizards*）一书中的受访者之一。目前，他运营着EnjoyTheRide.world，这是一个专注于交易者教育的网站。他也是位于亚利桑那州斯科茨代尔市的立场基金（Standpoint Funds）的董事会主席。这家基金专门从事全天候交易。他已出版《成功交易者调整头寸——为何及何时调整？》（*Successful Traders Size Their Positions — Why and How?*）、《无恐慌投资：金融怪杰的获利投资课》（*Panic-Proof Investing: Lessons in Profitable Investing from a Market Wizard*），还独立出版了《沮丧的投资者》（*The Frustrated Investor*）。

迈克尔的话

我手里拿的是我的书《趋势跟踪交易心法——传奇交易者汤姆·巴索的才能》（*Trend Following Mindset: The Genius of Legendary Trader Tom Basso*）。这本书的灵感来自我对汤姆的多次采访；有理由说，正是这些访谈令我的播客节目名声大噪。

既然我写过关于汤姆的书，受到他的影响，为他的各种成就所激励，你肯定会想，我还会再次与他交流。你猜对了。

迈克尔：我看到一条推文，有人说："在汤姆开始发表关于政治的见解前，我一直很喜欢他。"

我首先想到："好吧，现如今什么是政治？"似乎一边是心态开放、理智、富有逻辑的人，而另一边是纯粹感情用事的人。有些人声称他们之前很喜欢你，但现在因为你发表关于政治的言论而不喜欢你。我暗自想，"你指望汤姆·巴索这种带有工程思维的人怎么做？上蹿下跳，大吼大叫？"这甚至算不上政治问题，这是一个人如何行事的问题。我不知道为什么有人会指望你成为"情绪先生"。

汤姆·巴索（以下简称"汤姆"）：新冠疫情也是同样的状况。我从美国疾病控制与预防中心（CDC）下载了一些数据表，从CDC自己的数据中推导出存活率等结论。我认为CDC的数据与其他关于真实的并发症致死的数据相比有些瑕疵。我在社交媒体上对此进行解释，然后那些看美国有线电视新闻网的人恐慌极了。他们非常紧张，但我只不过是展示数据而已。

迈克尔：数据分析难道不是分析一切事物的首要方法吗？

汤姆：当然是。你从市场开始研究，将长达20年的数据放进模拟平台中运行，尽力避免偏见，除了说"我想看看价格趋势会走向何方"。其中有海量的数据似乎没有指向任何方向。你要把噪声与信息分离。这是数据问题。从数学的角度来说，我做的与化学工程师做的并无不同。假设你想控制一个化学反应，热量交换机过度冷却，温控器提示说："打开蒸汽阀门，让更多的蒸汽进入交换机，持续加热到适宜温度，然后关闭蒸汽阀门，因为那样就一切都正常了。"市场也是如此——它达到某个点，我们就必须做点什么。这是一模一样的数学，一模一样的哲学。

迈克尔：如果一个人有工程思维，他/她的第一步就是："好吧，数据说明了什么？"就拿新冠疫情来说。死亡的是哪些人？这些死者有没有相似之处？对很多美国人来说，这样做可能会引起不适，但数据与不适无关，数据就是数据。

汤姆：这里面没有个人偏见，只有数据和数字。事实上，老年群体受新冠疫情影响最大。比起年轻人，老年人更容易因自然原因而死亡。假如一个人实际上

你从市场开始研究，将长达20年的数据放进模拟平台中运行，尽力避免任何偏见。

死于癌症或车祸，你不能说这些死亡都在严格意义上与新冠病毒相关，但新冠病毒造成的并发症的确存在。现在数据陆续发布出来了，我会在2021年结束前分析美国的总死亡人数。通常，在6到12个月的周期中，有关部门就能提供关于美国人死亡原因的具体信息，并且会对数据进行交叉验证。对比2020年与2021年的总死亡人数比例会很有趣，2020年我们正处于疫情的高峰期。但我不认为总死亡人数会出现很大的变化。

迈克尔：也就是说我们做的事将死亡提前了。

汤姆：他们可能改变了分类标识。或许肺部相关疾病导致的死亡数量会降低，新冠病毒相关的死亡数量会上升，但是总死亡人数不会出现太大变化。看看2020年4月或5月的新闻，你会以为世界快要完蛋了。

当人们开始封锁一切时，我的生活没太大变化。我坐在电脑前工作，而且我与妻子都喜欢下厨。我们每周去超市采购，然后回到家中隔离，这没什么大不了的。交易进行得很顺利。我们有很多事要忙。我很乐意可以保护自己与邻居，这也让我有了很多时间来研究数据。

迈克尔：让我们回头聊聊现在吧。你应该是在2012年第一次来我的播客节目。我想可以说你从交易中暂退了一段时间，然后又开始了？

汤姆：我退休后，有一年时间没有交易。与客户、政府、审计师、律师还有会计打交道，每年在无意义的事情上花掉数十万美元，让我感到非常厌恶。我将我的资金投入了货币市场，然后就去休息了。

布兰达，现在是我的妻子，当时知道我是一名基金经理。有一天她来找我，说：“我有些尴尬。我一直和这位经纪商做这件事，你能帮我看看吗？”她对我道歉了整整半小时，才递给我一张纸。我看过后说：“你为什么会觉得尴尬？在我看来你的表现已经超过一般人的水准了。”

我当然是在赞美她——她做得的确不错。但她更适合做房地产专家。她负责我们所有的房地产投资。她说“这里签字，这里签字，这里签字”，我就签字。不过说到交易期货、ETF（交易型开放式指数基金）之类的事，还是我比较在行。我管理她的投资组合，她管理我的房地产。这样的安排效果很好。为了帮她管理投资，我逐渐重新开始交易。然后我心想："既然我都用她的钱在交易，干脆把自己的钱也用上。"我把所有资金从货币市场撤出，然后一发不可收拾地开始交易。还有一些亲戚来问些问题，于是我开始在社交媒体上分享。

迈克尔：所以你开始与人联系是通过亲戚关系。

汤姆：我将一些内容发布在社交媒体上，这样可以帮到亲戚们。我的继子可以看，我在纽约的兄弟可以看，还有我在威斯康星州的姐姐，布兰达在亚特兰大的姐夫，都能看到。后来，一些曾是交易者的老朋友也看到了，说："哇，这很酷啊。"我在社交媒体上一下子就有了上千名好友。

这些人里包括拉里 · 坦塔雷利（Larry Tentarelli），你应该认识他，他也是位趋势跟踪交易者，他说："你应该去另一个社交媒体。"我说好。我去了，这很容易。我开好账户、复制、粘贴，好了，发出推文文章。

我现在在那个社交媒体上有27 000名粉丝。一件事引发另一件事，然后你来采访我，引发了病毒式传播。当我和妻子在西班牙马拉加的一个泳池里时，我们想到创办EnjoyTheRide.world网站，这是将我的信息传递给世界的最省钱方案。然后一切发展迅猛，每个月都有成千上万的人访问我们的网站。

迈克尔：你花了数十年才取得这些成功，收获这些教训。你原本已选择了退休，但我想，想成为教育者的想法又将你拉回来，你又开始思考，而且看起来你很喜欢这个过程。

汤姆：我说出来的可能是陈词滥调，但我的确将这一切看作是回馈他人。这个行业待我不薄。一路走来，一直有人对我倾囊相助，帮我度过困难时期。《金融怪杰》（*Market Wizards*）中关于拉里 · 海特的章节和我的数学大脑产生了共鸣，帮我建立起Trendstat资本管理公司的波动率控制机制。它成功运行了很久，直到今天我还在使用。许多人在不经意中帮助过我，比如在一场访谈中说了某些话。我可能读到这些话，然后突然开窍了，这就成了让我出发的触发点。我的人生走到目前阶段，我只管理自己和妻子的4个账户。我不需要注册，不需要审计，不需要法务。生活很美好。我经常打高尔夫，我还健身。

这个行业待我不薄。

今天访谈开始的一小时前，一位北卡罗来纳州的男士打电话找我。我认识他四五年了。我猜他在社交媒体上关注了我。我按他的请求，与他进行了视频会议。我觉得在那个时间点，帮助他是恰当的，所以我花了一个小时。通话结束前，他再三感谢我，因为我帮助他，让他对该做什么从困惑不已到彻底清醒。这并不难，而且令我满足，因为我在帮助他人。我也可以去救济厨房，向无家可归的人发救济餐，但这才是我的专业知识，它稍微特别一点。

迈克尔：人们的图表中有各种指标之类的东西，反而让自己困惑不已。我常用打扫房间来比喻。当所有东西乱糟糟地堆满房间时，你连床在哪儿都找不到。第一步——断舍离，清除杂物。

这会将你引向在你的知识和趋势跟踪中那些永不过时的方面。年轻人可能会想："好吧，汤姆变老了，退休了。他知道什么？市场已经变了。现在有新市场。"这些人还没明白，人类从来没有变过。你可以改变游戏场，增加新市场，但人类成群结队地行动，驱使市场走高或走低。即便如此，你的智慧所能发挥的作用要远远长于你我在地球上存活的时间。

人类成群结队地行动，驱使市场走高或走低。

汤姆：电子通信产生之后，使用技术和即时通讯工具来驱动人群的能力大幅提高了。过去，你得等到第二天的《华尔街日报》上市才能知道"噢，天哪，昨天市场崩盘了"，然后人们在午餐时才开始聊这件事。再过几天，他们才打给经纪人。

今天，如果社交媒体显示市场下跌1%，5分钟之内我就可以在经纪商的互动账户界面点击卖出图标。以前的人心理上体验一个熊市要两年时间，比如在1973—1974年的熊市中，标准普尔500指数下跌了50%，现在6个月就可以体验一遍。事物的进程在加速，但人类心理不变——从狂喜到沮丧，再到狂喜。

迈克尔：你说过一句很棒的话："享受旅程。"这有些佛学意味。表面上看这句话很简单，但当你积累更多经验之后，你会发现它是对人类境况的深入洞见。

汤姆："享受旅程"来自一次交易，当时我正为一个关于（买进和卖出股票时）遭受双重损失的评论写下结尾：这是交易的一部分，享受旅程。大家纷纷爱上了这句话，传播之广早已不受我控制。人们会在网上发表的文章末尾提到我："就像汤姆一直说的，享受旅程。"现在所有人都知道享受旅程是什么意思，至少投资界是这样。这很疯狂。

人类心理不变——从狂喜到沮丧，再到狂喜。

迈克尔：让我们拆解一下："享受旅程"有种欺骗性的简单性质，实则复杂。

汤姆：这意味着活在当下，享受交易过程，看淡结果。市场总是起起落落，你总会有遭受双重损失的时候，你也会有大举成功的时候。

我交易木材的历史已经长到自己记不清楚了。我看到手头一份合约上未兑现的利润数额巨大，其余的合约我已卖出。我在想："这真是疯了。木材市场会一直这样疯涨吗？"或许吧，我无法确定。如果我余生里就做这笔交易，也没问题，但我更享受此时的自己。

未来会有好的周期，也有遭受双重损失的时候。我会亏损，也会盈利。这些都没什么意义，除了可以让我在此享受与你的交流。我很高兴能看到《趋势跟踪交易心法——传奇交易者汤姆 · 巴索的才能》这本书的成绩不错。立场基金也发展得不错。我是董事会主席，明天我们会召开董事会议。董事会上的两个老家伙——我和另一个人，将立场基金的成员叫作"小毛孩"，因为他们比起我俩岁数小太多了。他们管我叫代理老爸。我们相处得很愉快，但他们正在大杀四方。

我还向一位男士提供咨询，他正在搭建一个交易平台，可以进行模拟交易，并执行与经纪商的真实交易。咨询过程很有趣。他会问些问题，我来帮他。当他做好平台，我可以使用，这是笔好买卖。好比有人为我量身定制一套软件。

迈克尔：我想让你继续谈谈"享受旅程"，因为它看似非常简单，实际却如此复杂。它的内涵是你如何实施控制。你决定每天如何生活，但“享受旅程”暗示着在某种程度上你会放弃控制。许多交易新人，甚至是有些经验的人相信，当他们看着自己的系统时，就可以控制结果。他们可以控制每天发生的事件。整天有人写信给我说“我在增强自己的稳定性，这样就可以每天赚钱”。我回答说：“噢，就像伟大的伯尼·麦道夫（Bernie Madoff）[①]，挺好。”为什么你会甘心放弃控制呢？

汤姆：20世纪70年代，我刚起步时在交易股票。看到纽约证券交易所每天高达数十亿美元的交易量，再看看我那微不足道的1万美元，我意识到自己在市场中的所作所为毫无分量，好比大象面前的一只蚂蚁。

我一直抱有这种态度——哪怕在Trendstat资本管理公司时，我仍然小心谨慎，知道自己只是市场的一小部分，这样才能保持进出市场的流动性。我从未想过控制市场的行为，因为参与者很多，百亿千亿的资金在市场中滚动。我总觉得自己是凑凑热闹，这正是我所享受的。

你无法控制风向，但可以调整风帆。

有一句关于航海的名言，“你无法控制风向，但可以调整风帆”。我的哲学就是：市场按自己的意愿运行。我想布兰达应该将这句话写入《趋势跟踪交易心法》的前言了，因为我对她讲过许多次。

有时我们会边吃早餐边看早间商业节目，节目里会有人预测这个，预测那个，然后我妻子会说：“嗨，汤姆说了，市场按自己的意愿运行。”这就是我的市场哲学。市场按自己的意愿运行。我的职责是参与市场，在过程中，我需要管理风险、波动、误差，以及其他我能控制的事情，然后享受过程。

市场按自己的意愿运行。

痛苦地生活，痛恨自己做的事，这样没有意义。不妨让市场自己运行，不要为预测市场而痛苦——这会增加压力，让身体紧张，对你的交易没有帮助。

迈克尔：你怎么看待那些很有潜力的聪明人——或许他们有点小钱，也曾经

① 美国历史上最大的诈骗案制造者，案发前是纳斯达克OMX集团提名委员会的一名成员。

成功过，你觉得他们可能保持稳定，每天或每月都赚到钱吗？

汤姆：我碰到过一些聪明绝顶的人，他们的数学能力让我折服。他们算得上是天才。我在化学工程方面算得上聪明，也将一些成果运用到了市场上，但我说的是那种真正的火箭科学家一类的人物。他们甚至几乎无法对一笔交易下决断，因为他们会看着数据说："如果我将这些数据应用到我能找到的每一个多项式回归模型中，我就可以与市场行为完美匹配，模型就会告诉我下周的市场走向，历史模拟有100%的准确率，我可以把庄家的钱全部赢过来了。"

这当然行不通。于是他们亏钱，大受震撼，开始自我怀疑。

他们倾向于认为自己可以解决一个不可解决的问题。市场按自己的意愿运行，并且非常复杂。冰岛的一座火山喷发，让大西洋两岸的航空运输暂停了一周。这影响了经济，影响了美国航空公司的股价，以及各种事物。你怎么预测那座火山将要喷发了？有一些你意想不到的太阳黑子会把市场推向一个你的算法永远无法预测的方向。你必须让市场按其规律运行，然后要明白市场会上涨，会下跌，会横盘。如果你能应付这三种局面，你就很自在了。享受旅程。

迈克尔：大约20年前，我第一次认识艾迪 · 塞柯塔时，正在对他做一些研究工作。我碰巧在网上读到一篇他儿子写的高中数学论文。他儿子还在青春期，大约十四五岁。那篇论文有10到20页，都是扎实的数学内容。我对其中的内容一无所知。我得出了一个结论，如果艾迪 · 塞柯塔的儿子这么擅长数学，他本人一定很厉害。他毕竟是麻省理工学院的毕业生。

艾迪 · 塞柯塔既懂复杂数学，又在社交媒体上发布有趣的视频，他有那种天才级别的数学才能，可以说他能将这份才能隐藏起来，然后转换视角，像你一样去理解市场心理，那就是"享受旅程"或"享受拉扯之歌[①]"。这很不寻常。就像你指出的，很多极具数学天赋的人都很容易产生挫败感。

汤姆：我在20多岁时正朝那个方向发展。我很严肃地花了四五年时间来建模，以为我可以搞明白。然后我认识到，在某个时间点，让我的利润自己跑起来，果

① 艾迪 · 塞柯塔创作的交易歌曲 The Whipsaw Song。

断止损，简单地跟踪趋势，这些才是交易系统能更强劲的原因。我和许多交易者提过，作为交易者，追求完美与可靠和赚钱之间是有区别的。你不要追求完美，你要追求利润。这是两回事。人们认为完美会带来利润。这是不对的。

追求完美和赚钱之间是有区别的。

举个例子，在大约三分之二的时间里我都是错的，大约三分之一的时间是对的。我觉得这没问题，因为我在乎的不是在任何时候都对，我只想要赚钱。交易者们要花些时日才能明白这一点。当你变成熟，最终会明白投资是长期过程，亏损是它的一部分。我记得艾迪·塞柯塔曾经说过："没有亏损的获利就像呼吸时只吸不呼。"获利与亏损都是交易的一部分。当你逐渐静下心来，就可以管理亏损，让利润跑起来。

迈克尔：我曾多次采访你，但这是第一次对你进行视频采访，发现你的声音和性格都如此平稳。你上一次失控是什么时候？什么事会导致你脱离状态？

汤姆：非常少，我能想出来的事情可能是，打高尔夫球时如果我想不出一个合理的击球策略，就会生气。我和布兰达的生活方式挺不错。夏天，我们居住在森林里——1500米高的山上很凉爽。冬天我们住在斯科茨代尔市，那里一年有330个晴天，市区内有200个高尔夫球场。我是个高尔夫球狂热爱好者。两边的家都让我觉得像在天堂一样。我们的生活方式很亲密，喜欢相同的食物，都不喜欢洋葱，这个例子可能有点奇怪。

迈克尔：汤姆·巴索不喜欢洋葱，洋葱让他生气。这是我们今天得到的秘密。

汤姆：我发表过一篇论文，研究美元的购买力与美国人均洋葱消费量的关系。在过去的35到40年间，美国的洋葱消费量年年增长，而美元的购买力一路下滑。我得出一个结论：为了拯救美元，我们得放弃吃洋葱。交易界的每个人都从中找到了乐趣。他们可以制作精美的图表和其他一切。好笑的是，我不爱吃洋葱。

迈克尔：这几年，人们不太重视纯粹的数据，这令我很沮丧。更过分的是有些人不仅不重视数据，甚至还贬低数据，或者谎报数据。然后，我们的媒体还在暗中打小算盘。我完全无法控制这种局面，我也不知道谁还能控制，这是我的结论。现在是个很有意思的时刻。

汤姆：是的。在这些时期，我好像一直在接收负面信息。我觉得美国人的生活质量没有提升。有一个经济学术语可以完美地表达这类现象的精髓，“效用”——你为所得付出的代价。人生中的某些东西需要你付出代价才能得到，比如，你在山上买了栋房子，获得了夏日凉风。对我来说，能够在山上打高尔夫球、徒步、健身，都代表特定的收益，而我必须付出相应的成本，才能获得这些收益。

当我们把所有这些整合在一起时，就得到了效用。正效用就是好事。负效用就很糟糕。想想看我如何设计人生、退休、交易、网站，帮助制作模拟程序的人，这一切都令人开心。我的生活方式有一定的效用。不幸的是，美国政府让它正在下降。

迈克尔：咱们回到数据。假设我们要解决一个问题，比如美国的犯罪问题，应该从数据开始。我们应该问：“犯罪在哪里发生？谁在犯罪？犯罪在哪些时间发生？哪些城市？”我们已经走到了被禁止提出这些问题的地步。这些问题本身没有政治意味，但是有政治企图的人不想将这些信息公之于众。如果将你我讨论过的一切纳入考虑，行动、反抗、媒体的操控、政府的决策，我们利用这些要素做个模型，未来看起来不怎么样。

汤姆：对，的确不怎么样。这让我感到忧心。效用正在可悲地滑坡。我住在斯科茨代尔市区的一个公寓小区里。我不太喜欢小区的公共景观。我上过景观设计课程，走到哪里修剪到哪里，我还常去植物园。所以我就说：“景观的效用不高，而且也无法改善，因为栽种的植物不对。植物种得太密集了。我要去找业主委员会，说我比其他居民更擅长景观设计。我会取得他们的同意，然后将整个小区景观里每隔第二棵或第三棵树移走，让剩下的树继续生长，它们会长得很漂亮。”

4天之后，我受到了20位居民的表扬。业主委员会同意了我的提议，允许我为整个小区设计一个景观改造方案，我完全是出于自愿，而且我也很乐意这么做，这是我退休生涯中一个很有乐趣的项目。我为什么做这些事？我花费了一些力气，但之前每当我去遛狗，看到那些景观时，都会觉得“天哪，为什么把那棵植物种在那？”，而现在，我可以看着美丽的新景观说，“哇，我真的很享受住在这里”。我在增加自己的效用。

迈克尔：你并不是自负或狂妄自大，但是你说自己在景观设计上比别人聪明，这挺有意思的。这是当今时代被丢失的东西。你有相关基础，曾经环游世界，游览过许多植物园，你有经验，也有激情。和斯科茨代尔市那些平均年龄为25岁的打理花园的人相比，你懂的比他们多。

汤姆：负责管理景观的一些前业主委员会成员对我有点不满，因为我移走了许多植物。我开工两天之后，他们很生气地开车过来，一位现任业主委员会成员恰好从窗户里看到他们聊天聊了好一会儿。然后他们走过来看看植物，又继续聊。他们无法说出我到底做了哪些改变。只是一切看起来很漂亮，他们本想投诉，又不知道该投诉什么。他们最终放弃了投诉，上车离开了小区。

迈克尔：你几乎描述了美国的方方面面。你对那些重大事项有一定的阅历，而那些缺乏阅历的人却在做重大决策。很多富有经验的、明智的人被排除在决策之外，不论他们属于哪个阵营。

汤姆：没错。你居住在越南，是一位世界公民，这很神奇。劳伦斯·班斯多普[①]（Laurens Bensdorp）也是一位世界公民。他选择定居巴西，还想学葡萄牙语。

迈克尔：我起初不是这样计划的。我来到越南，发现这里没有社会福利体系。你立刻发觉每个人都很忙乱。但我喜欢处于一个人人都能将自己的身体照顾好的社会。这说明了一些大方向。这个曾被美军轰炸过的国家会出现一些你预料之外的事情，好像在这里实现美国梦，比在美国还要好。

汤姆：在美国的越南人每周工作7天，几乎从不休假，将赚的钱寄回老家。他们为改善自己的境遇而拼命。这让我精神振奋。与这些人相处可以获得一种特定的能量，因为你会想要与他们的能量相匹配。你会充满生机。

① 交易大师学校的创始人兼首席执行官，自2007年以来，他的风险调整后收益率是标准普尔500指数的5倍多。

CHAPTER 5

第5章

拉里·海特

相信规则

拉里·海特是一位对冲基金经理，也是公认的系统化交易鼻祖之一。

1981年，他与人联合创办明特投资管理公司。1990年，以资产规模计算，这家公司已成为全球最大的CTA。在与英仕曼集团建立合作伙伴关系的同一年，拉里率先提出保本基金的概念，一系列成功的结构化投资产品与金融工程创新从而诞生。他也是《投资的原则》(*The Rule: How I Beat the Odds in the Markets and in Life—And How You Can Too*)的作者。

迈克尔的话

我第一次与拉里·海特会面是在他纽约中央公园的家中，随后他成为我的长期好友。拉里是位交易者，首次出现在杰克·施瓦格的《金融怪杰》一书中，他与艾迪·塞柯塔等人的真知灼见令人难以忘怀。我曾为他的自传《投资的原则》一书撰写序言，他也多次出现在我的书中，还出现在我的纪录片《破产：新美国梦碎》(*Broke: The New American Dream*)中。每次与拉里见面，你都能收获一些宝贵的建议，他会深深激励你。或许你无法像他那么成功。或许你会接近他的境界，或许不会，这并不重要，重要的是他的智慧。你能做的就是像拉里一样，大胆出击。

迈克尔：今天我们先来谈谈心态这一话题。你我都不再是18岁了，但是在社交媒体上与大量年轻人交流时，我有时能感受到一种负面心态。我是这样看的：只要你还活着，就有机会去做些事情。所以我想问你的第一个问题就是：为什么你能拥有一个良好的心态？

拉里·海特（以下简称“拉里”）：因为我的祖母心态非常好，她将好心态传给我父亲，父亲又传给了我。更重要的是，唯一有意义的事就是保持积极心态。

零尝试，零结果。

因为假如你很消极，从不尝试，那么失败率就是100%。零尝试，零结果。哪怕你能力不足，比如我运动能力就不太好，但当你去尝试的时候，成功概率还是大于零，所以这是唯一符合逻辑的方式。

迈克尔：你说过你的运动能力不太好。我怎么知道它们是真事呢？说不定你本可以成为纽约长跑明星。60年之后，你编造了自己不擅长运动的故事。

拉里：我离明星还差得远。昨天我和一个人聊天，他从7岁起就是职业曲棍球运动员。他遭遇过一次车祸，最好的朋友死了，他的脊柱断了。我对他如何复出很感兴趣。他有一种心态。他想如果自己不尝试，就什么也得不到。

我曾喜欢和我的朋友哈里在夜间外出。哈里会走向那些漂亮女孩，最后带走一位，而我就被剩在原地。我说：“你怎么追到那些漂亮女人的？”他说：“噢，我每次看到一位迷人的女士，我就走上前去说，‘我叫哈里，能请你一起喝杯咖啡吗’？10位里面总有一位会同意。”

我开始理解祖母了，因为如果你不尝试，结果就是零。如果你尝试，可能会做得很好。对我来说，这不是一种积极心态，而是一种实用心态。

迈克尔：那么多人在脑海里尝试，在脑海里失败，最后什么都没做。

拉里：没错。这能产生什么结果呢？

迈克尔：什么都没有。

拉里：其实我想和你聊聊亚马逊。你写那篇文章时还对我进行过采访，你将杰夫·贝索斯（Jeff Bezos）称为全方位的交易者。

迈克尔：一位趋势跟踪交易者。

拉里：我想过这一点，的确如此。明年4月我就满80岁了，大约经历过两个亏损年度。其中一个是由英仕曼的人导致的。我喜欢他们，也和他们一起赚过大钱，但他们想加大杠杆。这是个糟糕的主意。趋势跟踪很棒。它成就了我。

我在读你那篇关于亚马逊和贝索斯的文章时，关注到贝索斯如何行事。首先，他不需要自己出资。迈克尔·戴尔[1]（Michael Dell）也看出来了：这个从他手里买电脑的男孩使用的是信用卡。贝索斯和戴尔，还有现在几乎所有人，都在交付前收钱。起初我没弄明白。而且不仅是我，沃伦·巴菲特和查理·芒格（Charlie Munger）都没弄明白贝索斯在做什么。他搭建好基础设施来提高物流速度。他不需要出资。我花了很多年才明白他的所作所为。

趋势跟踪很棒。它成就了我。

迈克尔：你所说的正好说明，本质上，成为优秀企业家就是成为趋势跟踪交易者，而成为趋势跟踪交易者就是成为优秀企业家。

成为优秀企业家就是成为趋势跟踪交易者。

拉里：不错，看看周围那些最有钱的人。

迈克尔：他们跟踪趋势。只有跟上一个超级大风口，才能达到贝索斯的财富高度。

拉里：没错。我想告诉你，我和一个了不起的家伙共事过。他毕业于瓦尔登大学，拿到很多橄榄球奖学金和学业奖学金。他是那种优秀得有点招人讨厌的人。我曾告诉他关于52周高点指标的事。他曾来科罗拉多拜访我，他说："嘿，成功了。"他利用52周高点指标，即如果指标下跌5%，就第一时间卖出。如果反弹，就买进。尽管在85%的时间里他都是错的，他还是将100万美元变成了2000万美元，年平均回报率达到20%。他简直就是大卫·李嘉图[2]（David Ricardo）。不需要什么办公

---

① 戴尔公司董事会主席兼首席执行官。

② 英国古典政治经济学的主要代表之一，也是英国古典政治经济学的完成者。他曾在短短几年时间内，通过证券交易发家致富。

室。这就是我所说的规则。

尽管在85%的时间里他都是错的，他还是将100万美元变成了2000万美元。

迈克尔：对普通人来说，如果85%的交易都亏损，这很令人失望。如果你的心理素质是常人水平，对市场的理解也是常人水平，85%的交易亏损听起来很可怕。如果他们没有拉里的超能力，这听起来真够吓人的。

拉里：我当时很幸运，我有台计算机。我那位朋友的交易是用小型计算机完成的。首先，他本身就已是位百万富翁，所以他交易只是为了验证我说的话。并且他很有数学头脑。他了解数学的法则。

迈克尔：他想测试你说的话是否正确。

拉里：他是那种极为少见的行动者。一位真正的优秀运动员，拿过奖学金，别人忙着说，而他付诸行动。

迈克尔：你如何应付失望的？一个不曾拥有你那些幸运经历的普通人，如何应付失望呢？

拉里：曾经有位亿万富翁请我吃午餐。我当时30岁，他可以当我祖父了。他通过一位朋友认识了我。他收购了全球多家电话公司。他告诉我："拉里，收购公司和看电影不一样。"

显然，我不想让自己看起来很蠢，但又无法将看电影和收购公司关联起来，只好说："哈罗德，我有些跟不上。你能重新解释一下吗？"

他说："拉里，当你去看电影，你买张票，在影院里坐下来，然后一直坐到大结局。而我收购一家公司，掏钱之前，就得知道大结局的走向。我们可以用电脑做一个数据库，进行测试。"

我做任何事前，都已经过几千次计算。这意味着我需要的不是勇气，而是会做加法。你不需要高超的数学技巧就可以跟踪趋势。但是你得会做加法、除法，会计算概率。和你交流过的人里有几个会做微积分？

迈克尔：针对趋势跟踪？一个都没有。当然，他们中的有些人知道怎么准确地做微积分，但这和他们的交易毫不相干。

拉里：对吧。任何12岁小孩都懂趋势跟踪所需要的那些数学技能，因为不过是平均数、概率，绝大部分工作在于风险管理。

迈克尔：这是你能取得今日成就的原因吗？

拉里：我有阅读障碍症，瞎了一只眼，另一只眼也半瞎，我原本可能成为一位落魄的喜剧演员或者地板清洁工。

迈克尔：这句话从一位趋势跟踪交易大师嘴里说出简直太妙了——一位落魄的喜剧演员或者地板清洁工。

拉里：我做过一项测试。我的团队是第一家达到10亿美元规模的全盘CTA。当时的合伙人彼得认为我们的系统很出色。我说："不是这样的。"他说："你是什么意思？"

亚历克斯 · 格雷泽曼（Alex Greyserman）一直是我的好朋友，我们一起持有许多房地产。我说："我想让你这样做：我们每年做3 200笔交易。设置一个随机数生成机制，让它来挑选该进行哪笔交易，何时买进，唯一不能随机决策的是何时卖出。"

迈克尔：随机交易，随机入场，但是坚决止损。

拉里：没错。我们测试了这个随机数生成机制，结果比我们自己的系统还要好。我认为这很有意思。

我有一个叫作"非对称杠杆"的理念。比如说，你入场并买在新高点，同时设置止损价位，或者更好的做法是买入看涨期权。你很清楚你的损失会有多少，却不知道你的盈利会有多少。这是一个不对称的下注。你可能会损失2美元，也可能会买入亚马逊的股票，随后股价暴涨500%。

迈克尔：我希望你再多谈谈这一点。你让亚历克斯设置一个随机交易系统。比起你向客户推荐并募集了10亿美元的基金，它的表现反而更好。你坐在办公室里，看着那个随机系统，心里明白它更好，但是基金管理界有一套自己的规则，你不能告诉你的客户"我们有一个随机交易系统"，因为这样他们不会买账。

拉里：是的。但是我学到了比赚钱更宝贵的一课。我学会了如何下注，学到了一个神奇方法的谬误。这个神奇方法就是将自己置于一个损失很小的交易位置，然后大赚一笔。每个真正赚到钱的企业家都处于这样的位置。这就是他们玩的游戏。这就是贝索斯的做法。他尝试一个新产品，如果行不通，他就弃用。

迈克尔：不是人人都能成为下一个贝索斯。这不是关键。关键是你可以采用他的策略，在生活中做得更好。

拉里：我给你讲个故事。我们有两个在阿斯彭思想节（阿斯彭思想节是我去过的唯一一个观众始终和世界级专家一样聪明或更聪明的地方）上认识的朋友，他们是一对夫妻，丈夫是位已退休的外科医生，妻子管理着一家大型教育公司。外科医生天性挑剔。你也希望外科医生对他们所做的事格外仔细。

丈夫为妻子打造了一个投资组合，净值达到几百万美元。当时妻子在一家美容沙龙里，一群女人正在为新冠疫情感到恐慌。大家都打算抛售股票。她也卖空了投资组合，但还留着黄金，所以她丈夫说："我在管理你的钱，我管理了这么多年，帮你积累了财富，所以这次我可不想搞砸。"她打电话问我："拉里，我该怎么处理黄金交易？"我说："你想听实话？卖出黄金，买入亚马逊。"我为什么这样说？黄金只有3种表现：价格上涨，价格下跌，价格维持稳定。

只有一件事能增加你的钱带来的效力，那就是让它上涨得比通货膨胀快。美国有几百亿债务，它想维持世界领袖地位，唯一能做的有意义的事就是不要违约。如果你不打算违约，最聪明的做法是什么呢？通货膨胀，抵消债务。即使通货膨胀，你还是世界领袖。金钱的一切就是关于购买力。

迈克尔：如果你开出的这副经济-政治药方错了，你就得止损了。这与自尊无关。如果事情的进展不符合你的期望，你就该准备调整方向。

拉里：一直如此。我不是想在这里证明自己是个大师，因为我说过，我宁可有1000笔债务，也好过只有1笔债务。杰夫·贝索斯有许多跑赢市场的方法。黄金却只有一种跑赢市场的方法：超越通货膨胀率。如果黄金涨幅只是与通货膨胀率持平，你等于在原地踏步。

迈克尔： 在过去40年里，有多少人还受着1979年与1980年黄金走势的影响？他们总是相信一模一样的事情一定会再次发生，所以那么多人坚定地持有黄金。

拉里： 我有位好朋友是出色的套利交易者。我有次和他通话，当时白银在高点。他说："你知道吗，价格不可能跌了。"我说："我没看出来为什么不可能跌。哪里白纸黑字写了白银不能跌？"于是，他向我罗列出20件事实。我说："嗯，它跌破了30日最低均线，很明显还会继续走低。"因为它就是在跌。那才是事实。

如果价格没能创出新高，而下一个低点又低于之前的高点，那就会继续走低。市场从统计数据来看就是那样。跌破均线，第二天继续创新低——我只用一只眼也看得出来。我喜欢数字，因为利用数字就可以计算概率。

有次我在飞机头等舱里与一位乘客聊天。她告诉我她住在纽约。她曾经是犹太人遗孤，战后被一位纽约建筑商收养。最后，她身价达到5亿美元。她说："我打算将一半财产换成黄金，存在瑞士。"我说："听着，如果有人空投核弹，你打算怎么去瑞士？"

迈克尔： 你的观点是人们应该思考最坏的情形也可能发生——那些他们做梦都想不到的情形。

拉里： 市场最基础的要素就是人。没有人，就没有市场。人是群体动物，就像牛羊一样。

迈克尔： 当你说"人是群体动物，就像牛羊一样"，这又给人类的自大以重击，对吗？

拉里： 这恰好是真的。

迈克尔： 几年前，你来参演我的纪录片时，我真的去一个牧场拍摄羊群，就是为了看看几百只羊受到惊吓时是如何进行集体行动的。影片呈现的效果不太理想，但亲眼观看还是很神奇的。

拉里： 总有神奇的事情发生。我们行业中优秀的基金管理人不是胆大疯狂的人，而是善于冒险的人。我给你讲一个很棒的故事。我曾有位合伙人，有次他搞

没有人，就没有市场。人是群体动物，就像牛羊一样。

砸了一笔交易。他来到我们律师的办公室说："我有事要告诉你，说完我就从窗户跳下去。"他搞砸了交易，他是知情人，我是局外人。我得回家告诉我太太，我们可能要破产了。但我扭转了局面。

我在一个移民社区长大。从3岁起，大人们就教育我，我的任务是供养我的父母与祖父母。这不容质疑，因为我的父亲供养他的母亲、我的外祖母，还有我的有钱叔叔，但是每个家庭成员都出一份力来帮助我们。

我所有的意大利朋友都买了独栋房子。一家三代住在一起。我的父亲为我的祖母买了一间公寓，所以尽管我只有3岁——我是独生子，也有供养他们的责任。我知道自己学习很差，体育很差，所以我一定要变富有。那就是我的目标。在布鲁克林区，黑手党被看作哥伦布骑士团。

迈克尔：他们是好人。世界就是如此。

拉里：是的。如果你想要从一家工厂那里拖废品去卖，你不去求那个利益相关的人，就没法让他们把垃圾拖出来，而且他们还会把你推倒在台阶上。工会里那帮人对我父亲的业务了如指掌。他们会说："乔治，你有麻烦了。我的人要罢工。"他们知道我父亲必须在这段时间做生意，否则就会错过整个生意周期。"乔治，我现在告诉你，你是我的朋友。我一直挺喜欢你。我觉得只要1万美元，就能帮你搞定这件事。"我的父亲当时愤怒吗？不，他对我说："这就是做生意的代价。"这就是我成长的世界。我的父亲不是罪犯，但如果他要经营业务，就得那么做。我一直知道，不论如何，支持他是我的责任。

迈克尔：我也来和你分享一个工会的故事。我20多岁时，在芝加哥市区的一家豪华酒店协助会务工作。那次的演讲嘉宾是约翰·W. 亨利。演讲开始前，我和几个会务工作人员在空荡荡的大厅里，要在所有人进来之前把东西布置好。有人对我说："迈克，去那边把大厅这一侧的灯打开。"我就走过去开灯。又有人吼我："别碰那个开关！只有工会成员才能打开开关。"我心想这可真蠢，现在还是觉得很蠢。但现实就是，即便很蠢，但这就是现实。如果这就是做事的代价，不要去讨价还价——把该做的事情做了就行，因为我们没法解决人生中的每个问题。

拉里：正是如此。所以那次我打电话告诉父亲："我遇上了麻烦。我欠了700万美元。我没有这么多钱。"我父亲说："不，拉里，你没有麻烦。你欠了谁的钱，谁才有麻烦。"

迈克尔：他用不同的方式来表述问题。

拉里：是的。然后我就去见我的债权人。他是个债券交易者，对我说话的态度很强硬。纽约人只会这一种说话方式。他朝我走过来。我转身对他说："停一停。你能做的最多也就是杀了我，所以我根本不怕你。"

迈克尔：但如果你死了，他就拿不到钱。

拉里：这就是我向他解释的。"你能拿到钱的唯一方法，就是我去说服其他人投资更多的钱。"他很聪明，考虑了一下就说："好吧，我们现在怎么做？"随后他的合伙人走进来，又说了一遍狠话。他对合伙人说："这出戏码已经演过了。我想出了新对策。"

迈克尔：你给我们上了关于如何表述问题、如何解决问题的一课。如果你能将情绪放在一边，就能使谈判双方都能在当时的情况下找到最佳位置。

拉里：有时情绪会起作用，但在真正的压力下，情绪可能没有用。当你是个全方位的交易者时，你可以交易任何事物。你或许很聪明，但想成为优秀的交易者，就必须控制好情绪。控制情绪的最佳方式就是找到一个解决问题的方法，因为这样一来你就知道自己要做什么。

我是从艾迪 · 塞柯塔身上学到这一点的。你还记得那个广播节目——《国王饼干面粉小时秀》吗？

迈克尔：我记得。那些摇滚乐队。

拉里：对的。我的一个亲戚为我搭了线。我认识一位名叫玛丽 · 阿尔伯蒂（Mary Alberti）的女士。她读过沃顿商学院，人很聪明。我当时正因为我的合伙人和接下来要怎么办之类的事而感到很沮丧。她说："哦，我有位朋友你应该见见。

他是艾迪·塞柯塔。"我就给艾迪·塞柯塔打电话。他说："我可以在下下个周四的下午一点见你。"于是我去了《国王饼干面粉小时秀》的演播室。我的亲戚给了我一只麦克风，使我的声音听起来更清楚，然后艾迪·塞柯塔对我说："你看，这门生意很简单。决定好你愿意承受多少亏损，然后跟着趋势走。"这些我都知道。我已经完成了超过5000次模拟，所以他说的是我知道的事，我感觉很棒。

迈克尔：他看待事情的方式很有魔力。

拉里：他所有做事情的方式都很有魔力。

迈克尔：我记得2012年，我和你还有艾迪，我们在芝加哥的那个舞台上。艾迪带着他的班卓琴。那次我们玩得很愉快。

拉里：和艾迪交流过之后，我对自己说："你的具体做法并不重要——你可以设置2%的止损，也可以设置5%的止损，最重要的就是坚守纪律。"我一直很感激艾迪。能够和他交流我感到很荣幸。

迈克尔：他也从有意思的人那里学到了不少有意思的东西，所以我觉得有趣的事情就是，他投入了许多，但是也通过将自己所学的告诉他人来进行回馈。

拉里：我是这么看的。明年我就80岁了。有次我去一个99岁的人家里吃午餐。他很有意思，也是位亿万富翁。一位共同的朋友认为我们会相处得很不错。的确如此，过程很有趣。他做过许多有趣的事情，所以他又邀请我去了一家俱乐部。我从他身上学到了很多。他告诉了我一些关于巴菲特还有伯克希尔·哈撒韦公司（Berkshire Hathaway）的新鲜事。你知道巴菲特为什么买下了伯克希尔·哈撒韦公司吗？

迈克尔：我的推测是，他知道这家公司可以作为他实施其他计划的工具，最终他收购保险业务的想法会在这个结构中顺利实现。

拉里：他其实并不想买一家快倒闭的纺织厂，但当时该公司的账目上有营业净亏损，也就是之前还没利用的亏损。营业净亏损可以用来抵税。想想看。收购带给他免税的收入，所以几年之后他彻底退出纺织业也就不足为奇了。他就是在利用营业净亏损。我当时也不知道，从来没读过相关内容，但是那位富翁讲了这个真实的故事。

我再给你讲个小故事。你记得亚当·斯密（Adam Smith）吗？

迈克尔：《国富论》（*The Wealth of Nations*）的作者？

拉里：不，是另一位亚当·斯密。曾经有个犹太人用亚当·斯密做化名，因为他不想暴露真名。他在一个公共电视节目上解读巴菲特。

当时以我的年龄，我已经做得很不错了。但是我对自己说："他说的关于巴菲特的内容我怎么一点也听不懂呢？我知道他说的很重要，但我弄不明白。"我看得出来他很聪明，所以向他学习一下应该很有益处。

我知道自己不可能拿到伯克希尔·哈撒韦公司的交易数据，但是这家公司已经投资股票20年了，于是我拿到了一张清单，上面有巴菲特买过的股票及买入日期。然后我又从《价值线》（*Value Line*）杂志那里买到了巴菲特每次买入股票时当天的报道页，然后又对3个和我差不多的人说："我要搞清楚巴菲特到底做了什么。"

不久之后，我就能赶在巴菲特的公司发布公告前买入股票了，因为我已经看明白了巴菲特的做法。我并没有更进一步，因为我清楚巴菲特所知道的一切对我来说并不全是能利用的。我想，即使出现了神奇的一幕——巴菲特对我说："拉里，我要把我所知道的一切都传授给你。"我得出的结论也会是，他的知识值10升，但我只有一个5升的桶，所以如果他把他所有的知识都给我，就有5升要被放在地上了。所以我只吸收我认为最重要的东西，然后加以利用。

巴菲特投资用的是一种等式的视角，一种算法。他计算税后现金流，然后再计算股价以及债务。税后的收益率是多少？可以维持多久？这是你购买任何公司时应该做的，所以我说："这就是他致富的关键。"这是复利法。

许多跟踪趋势的人在跟踪错误的对象。我看得出巴菲特的现金流在增长，所以我看股票时会把现金流看得比股价更重要。他在赚钱，所以我继续投资他。

后来我的个人退休账户（IRA）里的钱实在太多了，我便又买进了更多伯克希尔·哈撒韦公司B股，让巴菲特继续帮我投资。那笔钱现在已变成好几百万美元，不过我一直在自己进行趋势跟踪交易。我做趋势跟踪的对象不是股价，而是现金流。我用“跟踪”一词，但其实你可以将现金流按照公司不同的业务来分解，看看各部分业务表现如何，哪里有钱流入，钱又从哪里流出。这会很有趣。

我替亚历克斯·格雷泽曼指导一些人，一年一次。他们总是有很多问题。我走进房间，打开你的播客节目里关于“杰夫·贝索斯是位趋势跟踪者”那一集，然后说：“坐下。你们将学到一些东西。”

迈克尔：你知道一个新听众听完我的播客全集要花多长时间吗？如果加起来的话，要花掉整整30天，不眠不休。回顾做播客的这些年，我发现里面积累了很多内容。

拉里：你的嘉宾都是聪明人，听你的播客就等于念MBA了。而且你的内容不仅关于金融。前几天我在健身房里骑单车。我带着手机但没戴耳机，所以我就外放了你的播客。有位女士在我后面。我对她说：“希望我没有打扰到你。”她说：“噢，完全没有。这是我最有趣的一次动感单车。”她对播客里说话的人很感兴趣。她又说：“节目太棒了。我平常不听这类内容。”因为你专注于你的本职工作，做得很好又有趣。你的嘉宾非常多元化，所以如果有人能听完800集播客，就相当于接受了关于世界的优质教育。你邀请过诺贝尔奖得主，还有许多优秀的交易者。

成为交易者需要具备哪些素质，这里面有许多人生课程。自控、学习、行动。那些嘉宾都懂得很多，也有值得分享的智慧和经验。

CHAPTER 6

第6章 邓恩资本45年业绩记录

马丁·伯金（Martin Bergin）与比尔·邓恩（Bill Dunn）

第1部分 马丁·伯金（1）

马丁·伯金是邓恩资本的总裁与所有者。他负责公司的核心运营业务，包括研发业务，以及期货投资组合的构建与管理。马丁拥有深厚的金融及商业管理背景，于1997年作为会计系统经理加入邓恩资本，2001年晋升为该公司副总裁及首席财务官，自2007年起一直担任该公司的董事会主席。2010年的一项交接计划使他获得该公司的部分所有权，2015年，他获得全部所有权。

迈克尔的话

我十几岁时很喜欢打棒球，打得还不错。16岁时我有一名棒球教练，他就是马丁·伯金。这只是生活中一点不经意的小巧合。

迈克尔：是你将邓恩资本还有比尔·邓恩介绍给我。这是一个历经数十年的精彩故事。

马丁·伯金（以下简称“马丁”）：差不多有45年了。我不知道这个故事到底有没有那么特别。我相信全世界到处都有人像比尔一样，白手起家，将一个主意发展为一门生意。这正是美国梦，对吗？

起初，比尔是美国国防部的一名承包商，然后有一天，他坐下来，认为一定有种更好的谋生方式。他产生了一个想法，就是利用数学公式来开发交易系统，差不多就是趋势跟踪系统，那时他还不知道已经有其他人在这么做了。

他自己将这个想法发展起来，然后开始研究股票，但是又发现股票的世界太庞大，很难在合理的时间内做出计算。当时是20世纪70年代早期，计算机的算力远不如今天——你得用大型计算机做运算。他后来了解到期货，期货的种类和数量更容易管理。那时只有几个可交易的期货市场，全都在美国，那就是他起步的地方。他将自己的想法应用于期货市场，之后发生的事我们都知道了。

迈克尔：你让一切听起来是那么的容易。我正在研究邓恩资本的复合收益业绩，然后你告诉我世界上有一大群人在过去的45年里取得了如此辉煌的业绩。

马丁：不一定是在我们行业，世界上有许多人在各种行业里白手起家，成就了一番事业。

迈克尔：这是个了不起的故事。让我们来聊聊细节。邓恩资本的策略总是以波动性为特征。人们看到基金的表现，会说：“哇，业绩太好了。不可思议。”然后又说：“但是我有点看不懂它的波动性和一些回撤。”前不久我读到一份白皮书，该白皮书从沃伦·巴菲特利用杠杆的角度谈论了他的收益业绩。它讨论了他持有波动性较高的仓位，但那原本不是巴菲特的投资特征。从你的角度来看，是不是人们对于波动性的关注有些不公平？他们未必了解策略，也不了解为什么波动性对业绩如此重要。

马丁： 我不会说这是不公平。人们需要了解的是，想要真正从事趋势跟踪交易，就必须设法承受亏损。跟踪趋势的全部秘诀是能够在趋势实际上并未结束而只是暂时趋缓的情况下，平稳度过市场的小幅修正。你得有能力平稳度过这些行情不好的时期，才能长久获利。我们不关注实际的波动性，而是关注哪些风险是可以被接受并吸收的，这样才能通过交易来赚钱。早在20世纪70年代初，比尔就决定坚持一个风险目标，即在一个月的交易周期中，亏损20%或以上的概率为1%。

这背后的理念就是如果亏损20%，单位基金资产净值（NAV）就会下跌。第二个月，如果再亏损20%，这20%不是就初始的NAV而言，而是针对上月末NAV的20%。我们每天对此做出精心调整，但是这样亏钱，你可以撑很久，也不会亏光。你会一直存续下去。这就是趋势跟踪的关键：别爆仓，别被清盘。考虑到长期能获得的利润，我们认为这种风险是可以接受的。

迈克尔： 你提到20%是个很具体的目标。而你始终如一地坚持瞄准这一目标，虽然本质上只有4次触及了风险上限，但你确实如比尔从早期就计划和期望的那样守住了目标。

你必须能够承受损失。

马丁： 对的。如果历史为你设计的交易系统提供了所需的一切数据，如果你用正确的方式处理数据并设计系统，同时知道未来永远不会与过去完全相同，这就形成了一个目标。你不知道你会完全达成目标。但在我们的历史上，也就是340个月，我们曾4次经历超过20%的亏损。所以亏损超过20%的概率大约为1.2%，处于统计常态之内。所以我们很擅长瞄准目标。回想一下20世纪70年代初，当你在处理打孔机和需要大量时间运算的计算机时，能这样瞄准目标是相当惊人的。如今就没那么突出了。人人都可以预期达到这种业绩。

真正的诀窍是设计一个投资组合并管理风险。

迈克尔：别忘了，2013年你的业绩也很不错。所以我们聊的不是历史。你们正在经历历史，一直在创造历史。

马丁：秘密在于我们不断调整我们所做的事情以及当今可用的科技以适应市场。趋势跟踪的理念并不高深。任何人都能坐下来设计一个系统，根据市场来决定何时做多，何时做空。真正的诀窍在于设计投资组合，并管理风险。这是区分基金管理人好坏的关键。这也是过去10年里我们研究的重点。

迈克尔：你很喜欢声称你的交易方式是100%系统化的，没有人为控制。我好像已经可以看见一群人拿着干草叉尖叫："黑匣子。黑匣子。"但实际上你采用的过程、使用的系统都是人类开发的，计算机不过是将内部研发的策略自动化了。

马丁：你说得对。归根结底在于你怎么定义"黑匣子"。我们认为有些程序类似于"黑匣子"。数据从一端输入，经过一些内部处理，然后从另一端输出。或者说在我们的行当里，你的交易指令或者次日要处理的市场情况会从黑匣子的另一端输出。我们与黑匣子的区别在于，我们知道输入特定数据会产生什么结果。有一种办法可以回溯验证每个功能是否发挥了其应该发挥的作用。而面对一个黑匣子，你没法知道数据何时输入，输出又会变成什么样子。那就像一个神经网络系统，我们曾经用它来做交易。那才是真正的黑匣子，因为针对输入数据，你永远无法100%确定另一端输出是什么。我们不那么做。我们所有的系统都是量化计算系统。我们对系统内部的运行有完全的控制权。

迈克尔：邓恩资本的一个特别之处就是地理位置。有那么多成功的基金经理都在大城市：伦敦、纽约、东京、新加坡。而你们选择了一个很有趣的地方，非常出人意料。

马丁：这也要归功于比尔。我们的业务对地点没有特殊要求。我们只需要通信设施和电力。只要有这两样，我们实际上可以在世界上的任何地方工作。我们持续收集数据，用电脑处理数据，然后需要通信设施传递交易指令，完成交易。

比尔认为温暖的气候对他很重要，所以我们搬到了佛罗里达州的斯图亚特市。我们在美国东海岸，办公室可以俯瞰圣露西河。这是个漂亮的地方，员工都很喜欢。这个城市很不错，很安静，有我们需要的一切。比尔想要待在东海岸。他想要温暖的气候，也想要既临水，又靠近文明社会的地方，这样他就可以去听歌剧——我们在棕榈滩的北面。斯图亚特就是比尔当时想找的那种城市。我们觉得这里非常棒，大家都很满意。

迈克尔：每次我去你办公室拜访，离开时觉得每个人都很理智。办公室里没有那种很高调的人在上蹿下跳，也没有交易员在大喊大叫。像你们这样的成功基金如今已不多见了。

马丁：我们以长期发展为导向。我们不追求短期的满足感，员工也是如此。值得一提的是，这群员工都长期与我们共事。他们将公司看作一个大家庭，而且发自内心地享受这种氛围。他们享受周围的环境，并成为团队的一分子。很少有人加入团队又很快离开。我们也不做招聘广告，而是根据经验来招人。如果我们碰到某个人，对他印象不错，觉得他可以为团队增添价值，就会邀请他加入。其他的细节可以慢慢处理。

迈克尔：你的意思是用简历对你们狂轰滥炸没有用？

马丁：这种人大概得不到什么回复。

迈克尔：我可以相当肯定，你们的趋势跟踪交易系统里的核心信号已经保持稳定几十年了。但最近几年，你似乎选择了一些新方向。核心信号仍然重要，但你必须持续“进化”，你能解释一下这个概念吗？

马丁：在2000年早期，我们已经是最成功的基金之一，管理资产规模达到15亿美元。我们对业务状况感到挺舒服的，然后对发展就有些松懈了。我们开始研究一些新鲜事物，这些事物不一定要纳入趋势跟踪系统里，比如神经网络之类的程序。我们还研究过基因图谱交易系统。在这个过程中，我们失去了对核心竞争力的关注，接下来的数年里我们在趋势跟踪的研究方面没有什么成效，在投资组合管理甚至是风险管理方面也没有进展。

2004年，我们重新聚焦，并且更深入地研究风险管理。那个时候，我们开始经历一次大回撤。我们花了几年时间才开始将之前的研究成果加以实施。2006年，我们才真正实施了一些研究成果，这对我们有所帮助。从那时起，我们稳步前进，收益回报说明我们的研究改进了基金的表现。

要用事实说话，不是吗？你可以告诉全世界你知道自己在研究什么，但它只能通过业绩来证明。我想我们已经证明了。教训就是你得保持专注，持续研究。

你得时刻关注你在做什么，为什么这样做。你的目标是什么？你想完成什么？有哪些东西可以帮助你？人们越来越聪明，计算机的算力也越来越强。我们5年前无法解决的问题，现在都可以解决。所以我们要不停地扪心自问，当前最要紧的是什么？问题是什么？目标是什么？随着时间的推移，我们或许能够找到答案。

一个完美的例子就是2013年1月，我们启用了一个新的风险管理工具。在此之前，我们的管理目标是一个月内亏损20%的概率为1%，但我们想出一个新方法，可以对目标数值进行逐日调整。这背后的理念是，你可以研究我们的业绩记录，然后查看我们经历过的重大回撤。4年期间我们回撤了60%，这会把投资人吓跑。那时我们不是唯一在苦苦挣扎的趋势跟踪基金。

2008年到来，所有人都被击垮了，大家开始重新思考趋势跟踪策略。那么，怎样能够在不降低盈利能力的基础上减少回撤呢？许多同行会降低波动性，这样一来就没有回撤，但同时也没有盈利了。他们同时限制了上限与下限。

我们想在一定的风险条件下，尽可能多地赚钱。

这不是我们的目标。我们想在一定的风险条件下，尽可能多地赚钱。我们要如何在控制回撤的同时保住上涨的可能性呢？答案是，瞄准一个风险数字，并使用一种专有的方法来观察我们的头寸之间的相关性。我们考虑市场的波动性，这在任何风险目标中都是标准的。但我们也有属于自己的计算方法，用来判断当前的市场环境对交易系统而言是可以盈利的，还是无法盈利的。

这才是关键的数字。行情不好的时候，我们会逐步降低目标数值。有时会降到个位数。随后行情好转，我们再调高数值。任何时候，一个月内亏损超过20%

我们不关心人们的想法、理念、政治或其他任何事情。我们只关心数字。

的概率都不能超过1%。这是最大值。而我们的模拟显示，我们将在未来大约5%的时间内处于这一风险水平。它将该交易项目的整体波动率从——比方说——38%削减到24%或25%。现在，回撤没有过去那么大，但我们仍然会有过去那样的预期年化收益。这只是我们整个过程中改变的单一数字，但它可以对业绩产生重大影响。

迈克尔：让我们稍微换个方向。我在播客节目《趋势跟踪》中邀请过丹尼尔·卡尼曼，他凭借行为经济学研究获得过诺贝尔经济学奖。邓恩资本所采取的运作方式似乎是对过去10年里人人谈论的行为经济学的绝妙应用。当人类采用你说的那种系统化方式，“虔诚地”追随系统时，教授们在大学里研究的东西似乎得到了很好的应用。你的系统好像就是为了对付人类的偏见而设计出来的，使你从大多数人都不想做的交易中获利。

马丁：这为何奏效？我的知识还不足以给出一个深刻的意见。但我想告诉你的是，我们不关心人们的想法、理念、政治或其他任何事情。我们只关心数字。人们总是问我：“如果经济衰退怎么办？”我说，我不知道，我也不在乎。我只知道我的系统会做出相应的调整，我们还是有可能从中赚一笔。

要让我们的程序运行，只需某种持续稳定的市场运动。我们遇到的麻烦是，市场在一个或另一个方向上不一致。这往往发生在美国中央银行和美国政府试图操纵市场的环境中，这就是我们在过去三四年中看到的情况。

考虑到特别糟糕的环境，我们对自己去年的表现相当满意，因为我们还是取得了可观的回报。绝大多数对手都无法做到这一点。但有些时候，竞争对手的表现更好。所以，从长期来看，不能说我们比大部分人都强，但至少我们做得不比别人差。

迈克尔：我觉得趋势跟踪的魅力之一就是它的可适应性。我们刚刚聊到邓恩资本过去40年的历史。但作为首席执行官，你在展望未来时，知道趋势跟踪交易策略可以适用于我们无法预见的未来，一定会感到欣慰。你个人可能对世界新闻感兴趣，但从交易的立场来说，这不会影响你的决策。

马丁：不会的。因为市场会消化那些信息，然后通过价格数据传递出来，我们的系统会考虑这些数据。趋势跟踪交易不是一个投资预测系统，它是一个反应系统。我们不是在引领市场，而是在跟踪市场，希望利用那些趋势。概念很简单，不简单之处在于执行，并且长期存活下来。

趋势跟踪不是预测性的，而是被动做出反应的。

迈克尔：另一个有趣之处是你们公司的自有资金与投资人的钱放在一起投资，非常透明。

马丁：这要回到比尔的理念上。他进入这个行业是因为他认为一定有一种更诚实的谋生方式。原本他会被我们叫作“环城强盗”，指的是在华盛顿特区以外的北弗吉尼亚地区，有一大群人靠做顾问赚政府的钱。比尔想到了一个与客户利益保持一致的概念。我们的投资业务将自己的钱与客户的钱放在一起，同时交易一模一样的产品。客户只有在赚钱后才需要向我们付钱，而且必须有新的盈利产生。假如说客户支付管理费后实际上在亏钱，而我们在赚钱，我们就必须在收取下一笔管理费之前弥补客户的亏损。这是双赢局面。

管理期货基金恐怕是世界上最诚实的投资，因为你有100%的透明度和完全的流动性。我们的收费结构让你只有在赚钱时才需要支付管理费。我并不是说收取管理费有什么问题。只有在信息披露不完整，或者客户不清楚费用结构的时候才有问题。不过话虽如此，其他人可以按照自己的方式来设计业务。

应该由投资者来决定他们想把钱投到哪里。投资者也需要接受教育——这一点毫无疑问。但在每一步中，我们都会问自己，如果我是投资者，我的期望是什么？怎样做是公平的？我们所做的一切都讲究公平。我们在生活与事业的各个方面也都保持这一观点。

第2部分
马丁·伯金（2）

迈克尔：我想到了新英格兰爱国者队。我对比尔·贝里奇克（Bill Belichick）是如何管理橄榄球队的有一点了解。

贝里奇克喜欢做内部工作——他的防守队员与进攻协调员都是从队伍内部提拔上来的。我很肯定，当他决定退役时，某位一直和他待在一起的人将会接管爱国者队。

这让我想到了你的情况。我记得你在1997年加入邓恩资本，但我肯定你在此之前早就认识比尔·邓恩了。

马丁：我喜欢你的类比。创办一家公司与创办一家体育组织有很多相似之处。你说得没错，我在1997年9月加入团队，之前我是弗吉尼亚州维也纳市的一名注册会计师，那里正是比尔创办邓恩资本的地方，当时他还没搬去佛罗里达州。

我工作的会计师事务所有一名创始合伙人其实是比尔的邻居，这家事务所为初创的邓恩资本和比尔提供服务。我在事务所的第一项工作任务就是去给邓恩资本做审计。

迈克尔：告诉我，你是如何认识比尔的，以及你第一次了解邓恩资本业务的情况。

马丁：比尔很有威严，有些吓人。他和你握手时，能把你拽到差点跪下。我是指他有一双又大又厚的“熊掌”，会像老虎钳一样紧紧抓住你。我是审计团队里的小兵，其他成员的级别都比我高。审计需要特定的程序，得有人与比尔面谈，团队里的另外两个人认为这件活儿无关紧要，不值得花时间，所以面谈就成了我的任务。

那是我与比尔的第一次见面。我走进他的办公室，做了自我介绍，然后说：“我得完成这份问卷。”场面有些令人生畏，但整个经历挺不错，我一直记得。我觉得当时比尔还是欣赏我的，因为我没有表现出被他吓倒，虽然我确实有些胆怯，但我们还是完成了全部的访谈问题。我在那个审计项目上做了7年。

后来，当我成为会计师事务所的合伙人时，比尔私下来问我，如果他想从我的所里挖人，是不是得先来征得我这位合伙人的同意。我告诉他不需要，如果他看中了我们的人，这是事务所莫大的荣幸，这时他说，他想挖的人就是我。

我当时的工作挺顺利，还没想好要不要放弃那份工作。但他回答说："没关系，其实我也不知道你能不能胜任。但你为什么不过来，我们可以聊聊？"于是我前往佛罗里达州见他，后来我花了3秒钟就答应了他。之后的事你都知道了。

迈克尔：再聊回你的早期经历。你去他们办公室做审计时，我猜你对比尔的业务并不了解，但是你快就知道他在管理一家基金，然后你就顿悟了他所采用的策略。你能描述一下那种感觉吗？因为即使到了今天，我还是会说，虽然那种策略是非常聪明的交易方式，但只有少数人还在使用。

马丁：首先，你得理解我的做事风格，因为我一直对数字、金融、投资一类事物感兴趣。我成为会计师的原因就是我天生擅长和数字打交道，这是完成大学学业和找到工作的最简单方式。我拿出自己的部分积蓄投资，也学到不少惨痛的教训——有的事你以为你知道，但其实不知道，而且永远有人比你更聪明。我为这些教训付了不少学费，好在还不至于穷困潦倒。我当时还年轻，用来投资的钱也不多，所以损失也不大。

你说对了，当我第一次去邓恩资本时，对他们的业务一无所知。但我们事务所审计过很多CTA，所以当我完成基础工作后，就可以更好地参与进来。我对CTA如何使用趋势跟踪策略有了更深的了解——利用它的系统性。

和比尔在一起的顿悟时刻就是看到他如何以客户为中心。这不是募资的营销手段。他从公司创立之初，就抱有这样的信念："我希望打造一个双赢的局面。我要与客户利益保持一致。"

他的早期投资人都是朋友、亲戚和先前政府部门里的同事，他们凑出资金，然后说："拿着，比尔，我们相信你设计的东西。拿着这些钱去交易吧。"他就这么做了。他从不收管理费，只收业绩激励报酬——换句话说，你赚钱，他才赚

我学到了不少惨痛的教训——有的事你以为你知道，但其实不知道。

钱。或者说我们的客户赚到钱，我们再来分一杯羹。我们一直在重置高水位净值线。

我发现这很有意思，因为许多股权对冲基金每年才重置一次高水位净值线。如果你去年全年亏损20%，然后今年一月你赚了2%，那么你一下子就需要支付管理费。如果你问经理："我去年亏掉的20%怎么说？"他们会说："噢，我们每年重置高水位净值线。我们重新计算。"这说白了是便宜自己。

比尔的投资与照顾他人的理念激发了我的灵感。他对待员工也是一样。就好像你是合伙人，但无须承担合伙人的责任。因为当我们做得不错时，每个人都可以分享财富。这是比尔身上最吸引我的一点。

迈克尔：你们的费用结构是0%与25%。0%的管理费，25%的利润分成。你必须得赚钱，否则无钱可分。

马丁：是的。

迈克尔：还有其他公司这样做吗？

马丁：少数几家。有一家名叫夏洛特维尔的公司也这么做，0%与30%。他们的策略与我们不同，更偏向于短线策略，但是做的事差不多，业绩也不错。

迈克尔：除了良好的伦理准则外，比尔一开始还运用过哪些元素来调动大家的积极性？一定有种特定的、关于策略的信念——他说："你知道吗，我这样做能赚钱。额外的好处就是客户也能跟着一起赚钱。"

马丁：他做那个决定的时候我还没加入，所以我不清楚他心里是怎么想的。我们从来没有讨论过。

迈克尔：好吧，就像你说的，这是40年前的事了。不过那是个很好的出发点，让我们可以聊聊有关邓恩资本在40年中创造的辉煌业绩的更多细节。还有谁有那么长的业绩记录？沃伦·巴菲特算一个，还有其他人吗？

马丁：和我们业绩历史一样长的人不多，我们公开发布的业绩记录就长达30年。这30年里发生过各种糟糕事件。的确有公司的经营时间和我们一样长，它们如果碰到了坏事，就会重塑自己。它们会开发新系统，这样过去的糟糕事件就会消失，因为它们有了新的业绩记录。我也好奇，有多少家公司的主要产品有超过30年的业绩记录。

迈克尔：人们如果研究一下WMA基金（世界货币化农产品项目——邓恩资本旗下基金之一）从1984年到2016年的月度业绩，就可以学到很多东西。就像你说的，发生过的一切都被印刻在那份记录中了。

没有多少趋势跟踪者拥有30年的公开业绩记录。

马丁：一点不错。如果你去看一个10年的趋势跟踪周期，找不到负面事件，你会相信好业绩将一直持续下去，但事实未必如此。如果一个基金经理经历风暴、浴火重生，或者他能证明该策略具有长久的生命力，而不仅仅是通过数据挖掘历史，从而创造完美的交易模型（况且模型未必能在未来发挥作用），那么这是很不错的。那些上电视或写文章的专家不知道将会发生什么事。没有人知道。

你做推测得有根据，来决定你打算投资哪位经理，将钱交给谁你会放心。我们有这么长的业绩记录，对研究投入了那么多钱，尤其是最近10年，为了改进系统，我们投资很大。

和比尔起步时相比，今天的技术令人惊叹。他那时还在地下室里使用打孔卡，去当地图书馆租用大型计算机来运行他的系统。与我们今天的科技相比，你能想象那个场景吗？现在我们有瞬时数据、瞬时反馈、瞬时风险监测。不去利用这些东西来改进系统是荒唐的。我们一直在努力改进业务，好让业绩记录变得更优秀。你要么处于一个趋势强劲的市场中，要么不是。任何人都能在趋势强劲的市场中赚到钱，将你与其他人区分开的是如何应对艰难的市场环境。

迈克尔：对那些还有记忆的家伙们来说，2008年的行情对你的交易风格来说简直太棒了。2008年10月是如此美妙。本·斯坦（Ben Stein），那个电影明星和所谓的专家，曾说过一句很有名的话：如果你在2008年10月赚到钱，你肯定做错了什么事。我想你肯定会

将你与其他人区分开的是如何应对艰难的市场环境。

对这句话付之一笑。

但也一直有人说，2008年以来你的交易风格有些问题。2012年你的业绩不好，但除此之外，我没看出有什么问题。每个人都在说他们自2008年以来业绩为负，但你的业绩记录并没有反映出这一点。

马丁：或许因为我们做的事不同，虽然我也不太知道其他同行都在做什么。我可以告诉你，大环境的确不轻松。信贷危机以来，各国央行一直在控制着经济，这让系统化趋势跟踪策略的环境变得更艰难了。波动率策略表现得相当不错，因为各国央行驯服了市场，将市场控制在一个特定的范围或模式里，但是趋势跟踪策略和许多系统化基金经理都在挣扎。短线交易者一度还不错，然后日子又不好过了，趋势跟踪交易者也差不多。到头来，他们在这个周期里都是不赢不亏，而我们的业绩还是不错的。

我们不再每天瞄准相同的风险参数。我们使用这种独有的方法来衡量市场环境和管理头寸规模，这取决于市场告诉我们什么信息，显示是否存在机会。

如果我们发现市场中没有趋势，就会倾向于减少风险暴露，随后如果市场趋势开始走强，我们会再增加系统所承担的风险。数年间，这样做降低了整体的波动性，但不会降低盈利表现。这就像圣杯，不是吗?

人们常说："邓恩资本波动太大，风险太大。我喜欢他们的收益，但我承受不起回撤。"这种说法很公平，我们并不适合每个人。假如我们将回撤减少25%，波动性降低25%，还能取得同样的业绩呢？那样人们就会说："嗨，等等，我很感兴趣。"你所做的只是增加风险调整后的收益。

有一些大型基金公司有很好的历史记录，它们的交易波动率一度达到每年25%或更高，多年来它们逐渐降低波动率以维持资产。它们已经成为资产聚集者，因为规模很大，管理费对它们来说已经比业绩激励更有意义。因此，它们可以降低投资的波动性，从而消除超额亏损和回撤的风险，使资产变得黏性十足。但预期业绩也大大降低了，尽管它们的历史记录显示出良好的业绩。人们必须明白，他们不会再看到这些历史性的数字了。这一记录必须根据他们所适应的波动性进行调整。我想做的是同样的事情，从而不让我的业绩记录受到波动性的影响。这些变化在2013年1月开始生效，我们有3年的出色表现，特别是与同行相比。

迈克：虽然你们在处理波动性或风险调整的变化方面做出了改变，但正如你所提到的，回到公司的基础层面，你承诺过你的交易策略总是会有所不同。看看今天的一些大型交易商，显然你是对的。没有人能够反驳你所说的其他业绩记录。比尔推动了一种至今仍然与众不同的理念。即使有人对投资没有兴趣，研究你们的工作也是一种学习，因为大多数公司已经发展到给客户提供他们认为自己想要的东西，也就是你描述的管理费型产品。

马丁：对的。要考虑到决策背后的东西。我们管理的资金中超过20%是自有资金，我们向公众提供的交易系统和我们自营交易使用的是同一个系统。我们的头寸和客户的头寸完全同步。我们分享一切信息。每个人的价格配置都一样。我们在自有交易中赚了大量的钱，因为我们是和大家一起投资的。因此，我们的自有交易赚了30%，再加上我们从投资者那里收取的费用，这使我们能够在事情不顺利的时候支付管理成本。我们可以坐在这里批评那些收取管理费的人，但想想这些大型趋势跟踪基金的开销——他们可能有，比如说，100位博士员工，还有很多行政人员为其服务。在不能保证管理费的情况下，你要怎么运营？他们已经把自己建成了这种庞然大物，必须要有钱维护。

这就像金融业的每个参与者——经纪人、注册投资顾问、银行、交易平台和交易所一样。它们每一个都能保证赚到钱。它们的系统的设计方式是，每个人都能赚到钱，而且不承担任何风险，除了投资者。而邓恩资本的理念是，投资这件事已经对投资者施加了许多压力，所以我们为什么还要增加他们的压力？我从来没遇到过我的客户为付费抱怨。

迈克尔：他们付你钱时自己也赚钱了。

马丁：他们亏损时会不高兴。但是如果他们知道我也亏钱，就没那么不高兴。所以如果你一年亏损20%，而且还要付钱给亏掉你的钱的人，这简直令人难以忍受。

迈克尔：让我稍微调整一下话题。你们是100%系统化的，也就是说如果我今天跑进你的办公室，我不会看到一群戴着VR头盔，盯着屏幕，像打游戏一样猛敲键盘的交易员。你们的操作里没有主观决策的成分。

马丁：对的。但也不能说我们是100%系统化的，我们一旦决定一个交易，就用计算机算法来执行。所有的交易都由电子系统完成，但是有些交易员会组合使用多种方法来完成交易。每天我们都要计算新头寸，然后交易团队要负责在次日前将每笔交易设置好。

迈克尔：所以你的公司里没有人整天盯着CNBC（美国消费者新闻与商业频道）看，如果乔·柯南（Joe Kernen）说了什么事，或者其他人说了一些事，你们不会在系统运行的时候调整头寸，买进卖出，或者加仓减仓之类的，对吗？

马丁：不会的，一切情绪因素都被移出了等式。很多时候，当我们通宵运行系统时，它出现了我们想要的某种头寸的交易，我可以看着那个头寸，然后说："天啊，完美的例子。"我们在2008年做多了债券，从那时起到2016年年底的整个时间段内，我都在看着那个头寸想："这真是疯了。债券还要涨到什么价位？利率是零，我们为什么做这笔交易？"这恐怕是2008年以来我们最赚钱的一笔交易。当然，我曾经当着一屋子人的面，坐在嘉宾席上问："谁能想到我们当时会做多债券？"屋里的每个人都摇头。我说："我当时会发誓说这笔交易糟糕透顶。但我们就是在这上面赚了钱。"现在我们不再做多债券了。

系统决定我们做多还是做空，以及建立多少头寸。

迈克尔：显然，我们讨论的是系统化的趋势跟踪交易策略，但从2008年起，你没有请固定收益部门和债券专家来帮你做交易？

马丁：没有。我们的交易纯粹是通过价格数据完成的。我们每天把价格数据输进系统，它来决定我们应该做多还是做空，以及建立多少头寸。我们的头寸处于所谓的"+1"和"–1"之间，可以在任何未知的位置上。当前我们略微处于空头状态——是系统让我们这么做的。

我还发现了另一件很有趣的事。很多所谓的学者都在说，“CTA之所以赚钱，是因为债券牛市已经持续30年了”，所以他们认为我们赚的只是债券的附带收益。这是一种合理的说法。但假如债券将经历30年熊市，而利率持续上涨10年、20年、30年，又会发生什么呢？

我们是少数几个在债券熊市中生存下来的CTA之一，并且还从中赚了钱。人们认为我们的盈利是附带收益，但我们真正研究的是债券价格。附带收益早已体现在期货价格里了。期货价格只不过是一个赌注，赌的是“3个月后我认为利率会在这一位置”。现在利率要么比人们所想的更高，要么比人们所想的更低，假设你在做空，然后卖掉它，如果利率更高，那么你就赚钱了。反之亦然。这很简单。

迈克尔：今天有多少哈佛大学MBA或沃顿商学院MBA能弄明白你描述的东西？它不仅是一项成功的以客户为本的生意，一条伟大的赚钱之道，还是一个非常酷的概念。

马丁：人们容易过度思考，尤其是在金融行业。他们已经学会如何去解析市场和计算滚动收益，然后开始对过程进行过度思考。你必须走出森林，再去看树，然后说：“等一下，我所做的只是在赌交割日期的价格是多少。我认为它将会更高还是更低？”我们将技术应用于数据，预测它将会更高或更低——就是这么简单。

迈克尔：如果你错了呢？如果你亏钱，就说明了一些问题。

马丁：如果我错了，那又如何？系统会说：“好的，现在你最好做空，不要做多。”或者相反。我们都在自己的投资组合中做过这样的事情——我们挑选一只喜爱的股票，但它一直在亏损或无所作为，而我们永远不想放弃它，因为这意味着我们必须承认自己是错的。这对很多人来说是件难事。系统不会有这样的问题。它会说：“嗨，今天最好是做多。昨天最好是做空。”

迈克尔：让我们谈一谈邓恩资本产生的收益流所带来的另一个好处。每个人都仍然专注于道琼斯指数和标准普尔500指数的表现，但是当你从邓恩资本获得收益流，并将其添加到这些典型的指数中时，神奇的事情发生了，不是吗？

马丁：人们之所以投资管理期货基金，就是在追求与指数呈非相关性的收益流。例如在2008年，按本·斯登的说法，我们肯定做错了什么事，但我们的回报率是50%。它大体上可以作为对于你的投资组合的保险。你还记得吗，2008年的时候对冲基金风头正盛。散户投资者都在投资对冲基金，人人都想做对冲基金。问题在于，信贷危机发生时，所有对冲基金里所谓的“另类”投资都是相互关联的，每个人都垮了。那个时期唯一脱颖而出的策略就是管理期货，我推测是因为管理期货策略做多和做空一样容易——无需额外成本就可以建立空头头寸。

管理期货的投资组合是高度分散化的，因为你不仅是在赌股价的涨跌，还会关注债券、外汇和能源——比如像我们自己的投资组合里还有大宗商品、金属和谷物。所有这些投资标的是分散的。我们交易的许多标的都是非相关的，从地理角度而言我们也很分散，因为我们在全世界的各个市场交易，同时管理期货策略本身也和绝大多数投资策略几乎没有相关性。它与债券有轻度相关性，但基本可以忽略不计；它与股票投资毫无相关性。有的人的理解是，无相关性就是反向相关性，这是错误的。这不代表每次股市上涨，我们就会走霉运，或者相反。

我可以从历史的角度告诉你，每次股市出现“黑天鹅”现象，管理期货的表现都不错。随着时间的推移，整个市场上会呈现这种非相关性，但在坏的事件中会出现负相关性，这就是管理期货策略作为对投资组合的保险发挥作用的地方。

迈克尔：那么，举例来说，如果读者看到标准普尔500指数在一年内上涨了25%，你们的基金上涨了30%，这里仍然没有相关性。

马丁：没错，我把它叫作保险成本。投资一种在标准普尔500指数和股市下跌的时候可以赚钱的品种挺好的。问题是，你不希望股市上涨的时候自己在亏损。过去5年中，美国股市在稳步上涨，所以如果你的管理期货基金在亏钱，你会非常郁闷。我们系统的历史表明，即使在股市行情不错的时候，我们仍能与标准普尔500指数的回报率保持一致，甚至远远

系统对于承认自己的错误可没有任何障碍。

超过它。坦率地说，我们自成立以来的业绩图表——特别是与标准普尔500指数相比较——是金融领域最令人惊叹的图表之一。每个看到那张图表的人都会说："这是怎么回事？"

我试图让人们理解，管理期货策略值得每个人都去投资。有人认为你必须有一定的资金才能利用这样的策略，才可以令它帮助你长期赚钱，这种想法对我来说没有任何意义，但这是另一个话题。

迈克尔：这是我想跟你聊的一个话题，因为这是邓恩资本多年来的一个相当重要的变化。提供共同基金产品对你来说是件相对新鲜的事，对吧？

马丁：以前我们找不到一个不需要某种费用保障的合作伙伴，所以一直没做共同基金。多年来，有许多共同基金与我们接触，希望能代理邓恩资本的产品。问题是他们希望我们收取管理费，这样他们就可以分享这笔收入，从而支付他们的账单，而我们总是说"不"。

现在，我们对基金或平台收取费用以覆盖成本没有异议，但我希望费用是公平合理的。我们最终与华盛顿特区外的巴尔的摩地区的一支团队合作，他们提议由我们来接管一个已经在进行交易的管理期货基金。他们对那支基金的表现不满意，认为我们可以做得更好。我们接过了这份责任，这为我们更多地参与共同基金领域打开了大门。

迈克尔：我想先与你谈谈2009年3月。那时，如果预测标准普尔500指数的走势，没几个人是对的。你先前也暗示过这一点，但是考虑到美国央行的政策与零利率，你不能说这里有什么对应的关系。不过我深表怀疑的是，如果利率达到6%，或者类似的水平，标准普尔500指数还能不能站在今天的点位上。你的投资组合这样大涨，再加上我们今天的利率水平，这一切太完美了。看上去几乎任何事情都可以打破这根链条，我们原本会朝着一个完全不同的方向发展。我想表达的是，在过去16年中，标准普尔500指数经历过两次高达50%的回撤，为什么我不能设想未来还有第3次呢？

马丁：我无法以任何智慧来谈论这个问题，但我认为很多人都有与你类似的感受——他们对市场行情感到不舒服。这个思考过程的确缺乏实质性的依据，除了说股市已经涨了这么久，怎么还能继续下去呢？我的意思是，这对我们来说是好事，因为我看到很多资产流入都来自那些感到不舒服的人。

迈克尔：标准普尔500指数可以再翻一番。

马丁：对，我也会这样主张。你可以看一下美国正在实施的政策——取消对人们的监管束缚，允许企业回到自由市场，做它们最擅长的事情。你可以把人们放在最糟糕的条件下，他们会想出办法来赚钱的。你可以去世界任何地方，看看那些在自己家里发展业务来应付日常开销的人，当你把枷锁拿掉，允许人们做这些事情，也许标准普尔500指数翻一番，也许标准普尔500指数会崩盘。你可以论证任何理论。

迈克尔：我们又回到你为何仅仅依据价格来交易的问题上。

马丁：正是这样。每个人都在交易信息，对吗？还有什么能比价格所包含的信息还多呢？市场上的全部信息都积累在价格里，这就是我们交易的全部。

迈克尔：我仍然认为你的交易风格可能是卡尼曼和特沃斯基（Tversky）的“前景理论”的最佳代表之一。在我看来，你们采用的交易策略是我们利用行为金融学知识进行交易的最佳代表。就好像人类总有偏见，但你们打造的策略可以引领你们走向正确的方向。

马丁：是的，我认为你也可以用同样的方法来采取其他策略。但我们发现，在你所能研究的范围内，有一件事是经得起时间考验的，那就是趋势跟踪。这并不意味着它在某一特定时期内是最好的策略，但随着时间的推移，它总是会创造新的高点。

迈克尔：我认识你很久了，我觉得你接受比尔的训练，向他学习，现在领导这家公司是个很伟大的故事。

马丁：在很多层面上比尔都是我的导师，不仅是在商业、金融、趋势跟踪方面，他还是我的人生导师。他让我看到他对自由主义、自由市场和资本主义的看法，这些年来，越来越多的人对此恍然大悟。我并不是说在邓恩资本工作的每个

还有什么能比价格所包含的信息还多呢？

人都有相同的观点，因为我们是多元化的，我们所感兴趣的是人才。我们总是在寻找拥有最佳才能和最高品质的优秀个体，然后把他们打造成一个团体，大家同舟共济，目标一致。我们拥有22名优秀员工。少掉他们中的任何一位，我们的团队都不完整。

迈克尔：我可以回想起一些早期的经历，那时我有机会与比尔短暂相处——晚餐、会议，诸如此类的事情——即使是在远处，他仍然是有影响力的。你知道自己站在一个能给你信心的人面前，他不是以一种傲慢的方式，而是以一种激励的方式给你信心。我记得自己听了他的话，然后说："好的，事情就是这样解决的。"对我来说这是段很棒的学习经历。

马丁：他会让你立刻觉得很舒服，对吗？如果你是一名投资者，你在见到比尔的两分钟内就会说："不管他们在做什么，我都想加入（投资）。"对我来说，他仍是我们最大的投资者。

第3部分
马丁·伯金和詹姆斯·戴礼

詹姆斯·戴礼（James Dailey）是邓恩资本的首席执行官。他负责的领域包括战略规划、商务和产品开发、客户关系以及财务报告。他于2003年作为金融分析师加入邓恩资本，2007年被提拔为财务副总裁，2008年担任首席财务官，2016年升任首席执行官。

迈克尔：我发现邓恩资本作为机器交易者的历史可以追溯到20世纪70年代，然而有趣的是，媒体把机器交易说成是新奇玩意，在2018年还想指责人们。当你在头条新闻中读到机器正在对股票市场做卑鄙的事情时，你有什么想法？

马丁：我们尝试做的第一件事是区分我们对机器的定义。我们做任何工作都要使用计算机，我们的基金是完全系统化的。计算机是用来处理数据、生成信号和发出指令的。我们实际上并没有使用机器来执行交易，但我们确实将算法作为交易员的工具来辅助执行。

我们做任何工作都要使用计算机，我们的基金是完全系统化的。

当人们开始抱怨机器时，他们说的是一些预先设计好的算法交易系统，这些系统没有人工干预，所以它们被设置为自动对价格数据做出反应，并开始卖出或买入。我认为，导致我们最近看到的股票大幅波动的原因之一可能是，当股票开始下跌时，其中一些系统开始触及止损，然后在下跌中卖出，这加剧了下跌趋势。

另一个可能成立的说法是，有一些大型趋势跟踪基金在参与市场。由于价格变动如此之大，标准差也每天都在变动，比如说，前一天是4.6，后一天是7。这迫使很多持有股票多头头寸的趋势跟踪交易者大举转移合约，因此他们大量买入卖出，这可能导致了每天发生的这些200、300、400、500点的摆幅。但这些都只是理论，我无法告诉你事实上是什么造成了这种局面。认为机器正在撕裂股市的想法是愚蠢的——在某种程度上，机器可能使系统更加有效。

迈克尔：你刚才做的区分很有道理，但是使用机器的想法要回溯到40多年前了。也许人们并不经常思考机器在做什么，例如在邓恩资本的世界里。这是一个过程，即在你的公司认为是明智的规则下买入，根据管理的资金数额卖出正确的百分比来下注，并将其自动化。一台机器，即一台计算机，就能很好地做到这一点。奇怪的是，在几十年后，这仍然遭到误解。尽管机器受到指责，但趋势跟踪在这些时期也受到指责。

机器能使市场更加有效。

马丁：更重要的是，机器可以剔除决策中的情绪元素。我觉得给人带来困扰的一件事就是爱上某笔交易。你发现市场风向已经开始和自己作对，却倾向于保住自己的头寸，而不是根据市场传递出的信息来做出反应。你等了又等，最后变成恐慌大抛售。当你发现市场开始强势下行时，你就按下“紧急呼救按钮”。机

机器可以剔除决策中的情绪元素。

器可没有紧急呼救按钮。我的意思是，你开始交易时有一个特定的阈值，随着波动性增加，机器想减少头寸的规模，因为风险已经增加。这是对风险的简单计算，你减少头寸，使风险重新符合预期。

在这个例子中，导致机器卖出的第二件事是，在一个长期处于牛市的股票市场中，价格开始对它不利，以至于它不想再做多。

对我们来说，第三点是我们管理风险的方式。我们根据市场情况调整我们的总体风险目标。当我们看到已存在多年的趋势结束时，我们将降低整体风险。这些都是因机器而产生的优势，如果是个人做出情绪化的决定，这可能会发生，也可能不会发生。

迈克尔：举个例子，你能否详细谈论一下“回归波动”这一话题？从你的角度来看，这肯定是不寻常的，因为你们有这么多的数据，这么多年的业绩。40多年来，你已见识过任何可以想象到的市场气候。

马丁：让我换种说法。你还记得吗，信贷危机之后我们进入了“新常态”。我想新常态已经结束了，希望市场能回到过去的状态。如果你是趋势跟踪交易者，那么波动率上升对市场是件好事。

波动率上升对市场是件好事。

迈克尔：当你说市场又回到过去的状态的时候，我想过去和未来总会有一点差异。但就数据体现出的形势而言，你们已经看到了所有可以看到的形势。有时候，这个听起来简单的想法很难让人接受，你们现在就坐在那里，为可能出现的任何形势做好了充分准备。

马丁：这在一定程度上是正确的，但你得记住2017年出现了前所未有的低波动率，且不仅是在股票市场，而是几乎所有的市场——我们识别出了风险，调整了我们测算波动率的方法。

过去，我们总是在短期内回顾当前的波动率，这在系统化交易中很正常。但我们开始用两种方式看待波动率。我们会比较长期波动率与短期波动率，然后我们使用风险更高的长期波动率去计算我们的系统，因为我们认为当前的环境是不正常的。

VIX（波动率指数）会在10以下继续下行多久？在某些时候，你在这种市场环境中交易是要付出代价的。这就像一根橡皮筋发圈，越绷越紧。我们在2018年2月观察到的要比以往的情况复杂。但我们之前经历过类似的波动率飙升情况，只是程度不同而已。我们设置好系统化项目，它会调整并适应这种环境，但不能在一夜之间就调整好。

迈克尔：反过来说，1987年10月那段时间有一些价格运动是脱离常态的——你们公司当时也能驾驭。

马丁：是的。但这是一个类似的情况，我们正在利用最近这段时间对目前的投资组合进行压力测试。我们在过去6个月里进行了压力测试，正是为了应对这种类型的市场变动，我们的反应与1987年类似。先有巨大收益，然后收益迅速下行，又在几天之内恢复了。这一过程也有可能需要几个星期，甚至可能是几个月。收益也可能永远回不来，可能继续下跌。我们不知道，但我们知道系统会针对不同环境进行调整，我们会没事的。

詹姆斯·戴礼（以下简称“詹姆斯”）：不过我明白你的意思，迈克尔。去年的这个时候（2017年3月），我们在会议上遇到的很多人（以及像你这样关注本行业的人）所谈论的问题都是关于CTA在利率上升环境中的表现。因为30年来，我们一直处于低利率或利率下行的环境。

我们实际上从1974年就开始交易并进行趋势跟踪，所以我们有真实的交易数据，可以在利率上升的环境中回顾这些数据。因此你是对的，我们已经见识过很多新的交易者没有见过的环境。我想上周我从标准普尔500指数的一个显著峰值中看到，这是1985年以来最大的一次10日回撤，而我们在1985年的那段时间里进行过交易，所以我们有数据。

不管是利率走高还是走低的环境，都会产生趋势。

迈克尔：你能解释一下，邓恩资本内部在那个利率上升的环境中发生了什么吗？

詹姆斯：我们还是盈利的。在固定收益类市场和其他行业里都有可以识别并利用的趋势。不管是利率走高还是走低的环境，都会产生趋势。

马丁：为了正确地看待利率上升，我们要明白它在大部分时间里与通货膨胀有关。通货膨胀是趋势跟踪者的好朋友，因为它是我们获利的来源。利率升高还会让其他领域产生趋势，我们也可以从中获利。另一个关于利率上升与下降的错误说法是，趋势跟踪者在利率下降的市场中通过滚动套利赚了很多钱。这在某种程度上是正确的，但附带收益的利率是计算在期货价格里的。人们往往把它说得比实际情况更复杂；你所做的只是拿一个未来的价格来赌，赌利率上升的速度是否会像市场预测的那样快，或者反之亦然。

假设你处于利率上升的环境中，但上升速度低于市场的预期，那么就要做多债券。尽管这是一个利率上升的环境，你以为你会做空，但下注的对象其实是你对利率的看法与市场对利率的看法。你做空，就意味着你认为利率上涨的速度将高于市场预期。而我们在这种交易中做空往往不像我们做多债券时那样坚定。我们在这种交易中赚钱，就像我们在历史上做多债券一样。而且没有人知道未来会怎样。

迈克尔：你曾公开表示，邓恩资本致力于趋势跟踪策略。当看到一家有40多年显著收益记录的公司，即使一个人没有趋势跟踪的经验，也不需要对它有太多信心，他就会说："哦，是的，我能理解他们为什么致力于趋势跟踪。"但我还是要问为什么。

马丁：这是唯一经受住了时间考验的系统化交易方法。有一些白皮书使用几百年前的数据来显示趋势从一开始就出现了，并且还在继续。在2008年之前的文献中，你可以看到一种观点，那就是趋势跟踪已死，论据是计算机使信息如此容易获得，以至于市场会对任何变化或危机进行即时调整，

趋势从一开始就出现了，并且还在继续。

因此不会产生趋势，交易将总是在某个区间之内进行。但信息处理只是让市场更有效率，并不意味着趋势不会产生。2008年就是一个绝佳例证。自2008年以来，我们的表现一直不错。

我也不再听到有人说趋势已死。我认为现在人们开始欣赏管理期货与趋势跟踪策略，因为它们能够提供尾部风险保护，其收益也呈现出与其他产品的非相关性。近期市场波动的结果之一，就是趋势跟踪的尾部风险保护效应是很明显的，当股市下跌时，管理期货的表现和趋势成交量令人满意。现在我们的环境是，市场下跌，我们也受伤，因为每位趋势跟踪交易者都在做多股票，等于说和整个市场的走势一致。人们恐怕搞不清价格修正、价格下跌与经济衰退之间的区别。2018年2月我感受到的价格下跌或修正的时机，正是趋势跟踪交易者对数据做出反应，然后重新定位投资组合的时机。

如果我们继续看到市场向熊市转变，那么趋势跟踪者将会做空股票，其他领域将变得有利可图，然后他们就能在特定的市场中赚钱。而一个只持有股票多头的投资者只能投资股票或货币，没有在这种市场行情下赚钱的机会。

迈克尔：如果你看看全球趋势跟踪投资组合管理下的总资产规模，会发现与传统资产相比，它是微不足道的。你是否能多说说趋势跟踪的相关性特征，并将其与传统资产进行比较，解释一下为什么每个人都持有一份与传统资产不相关的收益流是有意义的？

马丁：这是很简单的数学问题。如果你将两个非相关的收入流放在一起，就会增加你的风险调整回报。我们将它视为任何投资组合的核心持有资产。因为它不仅在一般环境下的日常投资中保持非相关性，在较大的危机环境中还能呈现负相关性。2008年就是最新的一个完美案例，股市进入熊市，但管理期货表现不错。而且不仅是我们，当年的每家管理期货基金都表现不错。我们认为自己带来了很多其他基金管理人所没有的东西，那就是我们倾向于以更高的年化波动率进行交易。我们从风险值的角度来看待这种做法。

我们这么做有两层原因。第一，这种做法允许某些人为他们的投资组合配置

如果你将两个非相关的收入流放在一起，就会增加你的风险调整回报。

像我们这样的策略。他们不必投入同样多的钱就能获得同样的收益。所以，一切在于配置风险。对于同样的资金量，我们将给你两倍的风险量。第二，我们不收管理费，所以有动力为客户赚钱。另一件有帮助的事情是，我们自己的钱和客户的钱放在一起，所以我们的交易策略和他们的完全一样。唯一的区别是我们不向自己收取利润激励费，因此，通过对这些类型的策略进行核心配置，相关投资组合的整体价值得到了提升。

人们有种误解，认为他们可以进入对冲基金领域，做多股票，做空股票，投资私募股权、房地产、对冲基金等各种标的。但在危机环境中，这些标的最终都会产生相关性。因此，尽管它们在正常的投资环境中是非相关的，但当情况变得糟糕时，它们都会变得密切相关，并且大多是下行的。

迈克尔：而你的基金没有相关性的原因是，当股票下跌时，你显然不是一家只做多的股票投资公司。你能够从任何股票大盘下行时的市场运动中获利。

马丁：我们做多与做空一样容易，做空没有额外费用。将做空股票作为常规投资策略其实是需要花钱的，但投资我们的基金，你就无须为做空股票支付费用。我们调整期货价格，你既可以做多也可以做空——两个交易方向的费用是一样的。你只需支付一笔佣金加一笔保证金，保证金的意思就是你会在持有到期日执行合约。

迈克尔：让我把你关于相关性的回答中的几件事拆解一下。你提到邓恩资本的波动率目标有两个层次。我的理解是，这对于你的公司来说是个相对较新的变化，实施还不足10年。为什么不解释一下这是怎么运行的，有什么区别呢？

詹姆斯：我们从前以静态的20%月度风险值为目标，数值是定死的，不论环境如何。我们在公司成立时就是这么做的，一直延用到2012年。在任何为期1个月的滚动期内，我们亏损等于或超过20%的概率为1%，置信水平为99%。事实上我们满足了设定的亏损限制，应该是有1.14%的时间处于风险上限。

迈克尔：这是我见过的金融数据中最神奇的统计之一。

詹姆斯：在该记录所覆盖的很大一部分时间里，计算能力并不像今天这样发达，因此这很令人惊讶。我们很擅长调整目标。从1984年到今天，我们的WMA基金已运行340个月。我们曾4次穿透20%的亏损底线。当我们知道市场环境不利于我们的交易风格时，我们总是被调整到相同的风险目标上，直觉上来说，这没有意义。尽管在债务危机之后的一段时期，政府对市场实施了各种干预，但并没有什么有利可图的趋势产生。市场在较大的区间内运行，价格水平较低，而且起伏不定。那么我们的信号强度就很低，但我们又坚持一切都必须采用系统化的方式，永远不会推翻系统，所以我们还在瞄准原定的风险目标值，哪怕自己觉得"我们为什么这样做？大环境对我们不利"。

我们的研发团队曾经有几次研究过动态风险目标的概念，最终在2012年年末攻克了这一难题，并在2013年年初开始实施。现在我们的风险目标会根据当前的市场条件来调整，月度风险值可以低至8%，高至20%或21%。我们过去每天都要调整，现在只有5%的时间处于最大风险。随着时间的推移，我们每月的平均风险值应该是15%，目的是减少下行波动和减少回撤，因为似乎投资者记得最多的是大型负面事件。

当然，没有人喜欢大型负面事件。人人都喜欢股市暴涨。这背后的部分思考过程是，我们不想只是为了避免坏事发生而降低波动性，而是希望仍能够为我们的投资者带来利润和成果。如此一来，我们处于最大风险的概率是5%。回想起来，我们可能运行两三年都没有达到风险最大值，然后突然就触及了上限。比如说，2017年9月我们达到了风险最大值，一直持续到2018年1月。与最大风险共存的这段时期很漫长，但是当然了，我们同时大赚了一笔，收益率超过30%。你仔细想想，这很合理。

有些时候我们会降低标准。最完美的例子就是2017年上半年。我们处于较低的风控标准，实际上当时已经连续亏损了6个月，但是在周期的末尾，我们全年的亏损不过是5.5%或6%。系统是有效的，我们有足够的数据表明，系统所做的在统计学意义上符合我们的预期。然而，我们仍然可以获得过去的那种外部表现。正因如此，我们的风险调整回报实际上大幅提高了。

迈克尔：要使用你们的投资服务，人们实际上有两种选择。一种是机构投资者方向，就是我们现在聊的这种。但还有一种选择是你们的标准投资方法，对吗？

马丁：并不是。我们已经全盘应用适应性的风险目标值。我们有标准的波动率投资产品，詹姆斯将其称为“风险值目标产品”。它与我们的机构类产品的唯一区别在于，机构类产品交易时的风险目标数值是它的一半。我们就是简单地将机构类产品的头寸降到标准类产品的一半。

詹姆斯：标准类产品的平均风险值是15，换算成年化波动率就是22%。WMA这款机构型产品，就像马丁说的，是同类产品。它的长期平均风险值大约是7.5，长期年化波动率应该是11%左右。这是我们从2013年1月开始采用的方法。所以到目前为止，我们有使用新方法产生的5年真实交易数据。

迈克尔：如果有人看一下邓恩资本的几位合伙人的背景，包括比尔·邓恩，会发现一种我想称之为“乔·佛莱迪（Joe Friday）”式的处事风格——你们要对自己做的事感到舒服。我还记得第一次去你的办公室。那是很久以前的事了，但哪怕我今天再去，那里也不会像一个交易大厅一样，里面有人上蹿下跳，大喊大叫，试图对各种东西做出反应。这让人们感受到为何你们的方法在信息全天候过载、大多数人一直处于高度焦虑状态的世界里如此出色。马丁，你一开始提到过，你似乎能够控制住持续获取信息的欲望。

马丁：是的，信息比以往任何时候都丰富：大数据、人工智能、黑匣子。人们在利用一切精妙的算力去处理信息。但有件事不会改变：人们总是将事情弄得过于复杂。价格数据包含着市场上存在的一切信息。有些人知道的比其他人多，但那也是价格信息的一部分。我们依赖价格。我们研究和观察其他外围数据，这些数据可能在某种程度上有助于验证或增强信号，或者提供一些领先的信息之类的。但归根结底，价格是你能得到的最可靠的数据。这就是为什么系统极其依赖价格数据。我们每天都要研究交易市场的最高价、最低价

价格是最可靠的数据。

和收盘价，然后用这些信息去处理系统信号。

詹姆斯：你说得对，迈克尔。我们的办公室很安静。有时潜在的客户上门拜访，看到交易室里只有一个人坐在电脑前监控系统，会感到略微扫兴。其实，绝大多数交易都是在市场交易量很高的时候，于一夜之间完成的。趋势跟踪交易在于坚守纪律，没那么令人兴奋。最后的回报可能令人兴奋，但日常的工作在于纪律，在于屏蔽媒体的噪声和所有攻击你感官的事物，然后专注于算法，且这是一个可重复的过程，不会屈服于情绪。我想我们绝大多数的投资者都能发现趋势跟踪交易的魅力。他们能感受到这份魅力。

趋势跟踪交易在于坚守纪律，没那么令人兴奋。

马丁：还有，我们对资金的管理是长期的，不是短期的。看看历史上所有的伟大投资者，他们每一位都持有长期主义观点。他们中有些人比其他人做得更好的原因是，客户和投资者不会强迫一个成功投资者改变其理念。没人会质疑沃伦·巴菲特以10年为周期做投资管理。但一位年轻些的基金经理如果这么做，就会遭到质疑。

但在趋势跟踪交易中，一切都围绕着数据，数据显示长期交易比短期交易更好。我们多年来一直在尝试开发某种短线趋势交易项目来强化我们现有的项目，但我们还没找到任何能在20年或30年内持续盈利的项目。这是一个我们仍在努力破解的难题。从研究的角度来看，我们找到了一些可以做的事情，包括我们提出的其他想法，其中一些已经在项目中实施，其中一些是死胡同，所以我们只需继续研究下一个项目或者下一个人提出的想法。

迈克尔：马丁，你关于价格数据的说法听起来很简单，但是，建立一个价格数据预测之上的投资信念要以这么多东西为前提。这仍然很难令人认同。

马丁：这种简单有一定限度。当你开始着手投资组合开发和风险管理工作，事情就会变得复杂。让我们从诸多公司中脱颖而出的是，我们的单一驱动过程很简单，但整体方案很复杂。其中有许多不同的细节。即使从我们自己的观点出发，讨论任何一点微妙之处都要花上好多个星期。当然，绝大部分内容不会与外人探讨，那是我们专属的。

迈克尔：当我说简单的时候，并不是在暗示里面缺乏复杂性，而是说你们采用了基于价格数据做出决策的简单方案，而没有使用几千个数据源。很多人仍然很难接受这背后的复杂性是有效的。

马丁：历史上最优秀的投资理念都很简单。就像詹姆斯说的，你得屏蔽一切噪声，潜下心来做最基础的计算，那些计算结果到了某个时刻会变得显而易见。就像在《大空头》里，人们回顾那个家伙的所作所为，会想：“我怎么没想到这么做？”但当时他的交易方向是错误的，不是吗？他入场太早。但从概念上说，这在真实世界中是有道理的。

历史上最优秀的投资理念都很简单。

迈克尔：顺便问一下，《大空头》里的趋势跟踪元素在哪里？因为电影里的每个家伙都在做这种他们很擅长的一次性交易，而且其中许多人也做得不错。但你们当时也参与了市场，电影里却没有你们的身影。

詹姆斯：这就是我们刚才所说的。趋势跟踪不像那些一飞冲天的故事一样令人兴奋。

迈克尔：你们在2008年10月的业绩挺令人兴奋的。

詹姆斯：那倒是。2008年到2009年第一季度可谓是趋势跟踪交易者的大年，但没什么曝光度。

迈克尔：很显然，随着公司的成功和长足发展，你会看到很多不同的东西，听到很多不同的方法。除了趋势跟踪，过去10年里还有哪些投资风格风头正劲，大家应该保持关注呢？

马丁：2017年，我们花时间开发了一个波动率策略。部分是由于我们在欧洲收购了一家公司，它的负责人，斯特凡·温特纳（Stefan Wintner），他现在为邓恩资本工作。值得一提的是我们关注这类做空波动率的产品，特别是在低波动性环境中容易爆仓的ETF产品——让波动率增加13个点的市场运动不算大，但但可能代表超过100%的增长。或者说如果你做空波动率，波动率上升100%，你就会亏损100%。这是很简单的计算。

我想这是因为贪婪的基因，但有些人只看到利润，做了很多无用功。比如说Velocity Share在之前的12个月里筹集了10亿美元，而这只规模超过15亿美元的基金在一天之内就毁掉了。人们本应该知道问题将要出现，但是他们坐在那里说自己无法相信Velocity Share真的爆仓了，那是一个低波动率产品等这种话。即使是在基金招股说明书中，他们也告诉过你可能会发生什么事。因此，你问我是否意识到还有什么即将发生的麻烦事，我的答案是无法确定。

我发现有些策略很有意思。我一直在寻找非相关性的投资产品，未来或许可以将它们纳入邓恩资本的投资组合。这是我对波动率产品着迷的原因。我们的波动率产品不是方向性的——它不一定是做空波动率或是做多波动率，更多的是利用偏离波动率的变化，或波动率的波动率。这是波动性的第2个和第3个部分，我认为这比交易波动率的方向性要有趣得多。我们在波动率暴涨时做得很好，然而在波动率很低和下降的2017年也赚了大钱。我们已经证明，在任何环境里我们的波动率策略表现都很优秀。

我一直在琢磨的另一件事是短期的系统化交易项目，这些项目要么是从趋势跟踪策略衍生出来的，要么使用一些其他方法，并且在很长一段时间内持续盈利。我已经看到几个了，但我不打算给任何人指出任何方向。

迈克尔：你展示了趋势跟踪的心法："我们将顺势而为。如果这个标的我们可以交易，又符合我们的交易标准，它又具有趋势性，为什么不做呢？"

马丁：我们会交易任何在受监管的交易所中挂牌的市场，并且它们的交易量要充足，可以顺利进行交易，同时系统中有足够的数据。如果它与我们现有的投资组合不相关，那我们更要交易，因为这才会增强投资组合。你的投资组合能涵盖的非相关的市场越多，你的风险调整后收益就越高。

迈克尔：伙计们，感谢你们今天的参与，你们给我们提供了关于趋势跟踪的优质教育观点。我认为第一步是让人们了解发生了什么，然后他们可以在适当的时候就潜在的业务关系做出决定。我很感激你们参加了这次讲座式的谈话，我认为这样的内容在世界各地的大学里都找不到。有一些教授在谈论这个问题，但它始终不是大多数大学的常规内容。

马丁：我同意，我们行业以及整个投资界的关键就是教育。你在教育投资界关于趋势跟踪管理期货基金及其市场价值方面做得很棒。继续坚持。

迈克尔：我仍然认为，金融界存在的最有力的教育练习之一，就是把邓恩资本自成立以来逐月的业绩记录在学期开始时拿出来，并花整个学期的时间反向推演该业绩记录是如何形成的。

詹姆斯：它确实浓缩了趋势跟踪交易的历史精华。

第4部分
珍妮·凯拉姆斯

珍妮·凯拉姆斯（Jenny Kellams）是邓恩资本的投资策略总监。她主要负责向家族办公室和理财顾问宣传并销售邓恩资本的策略产品。加入邓恩资本以前，她作为理财顾问在证券行业有12年的经验，并拥有自己的投资管理公司——JK金融集团。

迈克尔的话

本次访谈又提及了人生具有随机性这一本质，还有对随时会出现并改变人生的可能性和机遇保持关注的重要性。

这是我们晚餐时的活动——我们会聊股票。

迈克尔：先讲讲你是如何进入华尔街的吧。

珍妮·凯兰姆斯（以下简称“珍妮”）：我爸爸拥有会计和金融背景。他来自印第安纳州的一个农民家庭——我父母都来自印第安纳州——他是家族里第一位大学生，就读于印第安纳大学。我更喜欢数学，但我爸爸喜欢投资。他是造纸业一家大公司的财务主管，每天都要看当日图表。他会教我如何投资，以及如何将基本面分析与技术分析结合起来。这是我们晚餐时的活动——我们会聊股票。

迈克尔：你那时几岁？

珍妮：非常小，10岁，甚至不到10岁。爸爸最好的朋友格兰特是他在美林证券的经纪人。格兰特也念过印第安纳大学，所以他们都是印第安纳大学校篮球队的狂热球迷。我作为一个小小的挑衅者，决定偏要支持杜克大学校队，激怒他们两人。格兰特会过来看篮球比赛，他们会谈论股票和投资，我在一旁为杜克大学校队加油，我认为格兰特是你能遇到的最酷的那种大哥哥。从很小的时候起，我就一直想成为股票经纪人——那时候你们是这么称呼他们的。

然后我们开始一起参加理财活动。我妈妈和姐姐会出去购物，而我和爸爸一起去参加会议，听演讲。比如我还记得看到萨姆·斯托瓦尔（Sam Stovall）的演讲。听各种人谈论投资让我很着迷。我记得很清楚，我一直知道自己想做什么。当我去上大学时，这甚至根本不是一个问题——金融一直是我选择的道路。

迈克尔：你何时察觉到很少有女性有这方面的抱负？

珍妮：当我一开始决定进入投资界时，还住在佛罗里达州的盖恩斯维尔市。作为我的导师，格兰特对我说："如果你能进入投资行当，就去为A. G. 爱德华兹公司工作吧。"当时，他们还没有自有或者大型交易账户。我那时已经离开大学一年，因为毕业后我为爸爸交易了一年。

我去了这家公司在盖恩斯维尔市的一个小型分部，说："嗨，我想成为理财顾问。这是我的简历。"我在嘲笑声中离开了办公室。我当时大约22岁或23岁，但恐怕看上去像18岁。他们问："你是谁？为什么在这里？不行，我们只招有经验、有执照、有客户名单的人。"

我回到家，给格兰特打电话说："他们甚至不肯给我面试机会。"格兰特刚好认识面试官的老板的老板，于是面试官又叫我回去面试，来应付这位高层。我告诉他们我想做什么，他们还是觉得我有点疯。“我有人脉，我想通过人脉这样做，这是我的计划。”

经过几轮面试，我还真的得到了那份工作。我觉得他们一直在想：“噢，好吧，她肯定想做助理，或者为谁打下手。”而我说：“不，我要成为独立顾问。这才是我打算做的事。”现在回头想想，这挺好笑的。当你又年轻又没经验时，会以为自己什么都能做。

迈克尔：你在那个职位上工作了几年？

珍妮：我在A. G. 爱德华兹工作了将近3年。然后出于一些原因，我开始独立执业。我已逐步在美国各地建立了自己的业务。我的姐姐以前在辉瑞公司工作，现在也在，她的许多同事开始雇用我作为理财顾问，打理他们的401（K）退休计划、股票期权、养老金、福利金等。我最初建立的基础客户资源一半都是辉瑞公司的员工，另一半主要是医生。那就是我的细分领域。

从那时起，我独立执业了8年。我从20世纪90年代末、21世纪初起就认识马丁·伯金，邓恩资本的董事会主席及所有者。他算是我的导师，也是当时的客户。

迈克尔：你一开始是怎么认识马丁的？

珍妮：20世纪90年代后期，马丁搬来这里，为比尔工作。他来自华盛顿特区，当时是一家注册会计师事务所的合伙人，负责审计业务。比尔将他挖走，说服他搬来沉闷的斯图亚特市。他的邻居是名医生，刚好通过我姐姐在辉瑞公司的工作认识她。那位医生说：“噢，你是新来的，马丁也是新来的。你们应该相互认识一下，因为这里刚搬来的年轻人不多。”于是那位医生就介绍了他们俩相互认识，他们成为了朋友。随后我姐姐又向马丁介绍了我，因为我已经在金融业工作，她说：“你可能会有兴趣和她聊聊。”我抓住了这个机会——结识一位经验深厚的人，这样就可以向他取经。他算是我的导师。

迈克尔：你第一次突然领悟到比尔·邓恩究竟在做什么是在哪个时刻？

回想一下我自己，我一直在研究中早期的趋势跟踪交易者，我的父亲曾与马丁共事过。我的父亲是北弗吉尼亚地区的一名医生，马丁刚好在为他的办公室做些注册会计师工作。

有一天，我的父亲告诉我："嘿，马丁在为世界上最好的交易者做注册会计师工作。"我说："得了吧，老爸。这不可能。"然后我开始研究那些数据，并对自己说："等一等。或许他真是世界上最好的交易者。这个叫比尔的家伙做了些非常了不起的事。"

珍妮：我在认识比尔多年后才顿悟了一切。大学刚毕业时，我还在为我爸爸交易股票。我们家的一位老朋友从大众超级市场公司退休了，他从那家公司成立起就一直担任高管。他在交易标准普尔500指数的期货期权。他知道我有金融学位，也在做交易。他在用一个策略，然后就向我提起此事，希望我能帮助他。他想写本书，将策略打磨完善好。当时是21世纪初期。

迈克尔：你是怎么结识比尔的呢？

珍妮：通过马丁。在认识马丁的同一时期，我开始做期货期权交易。我们做了几年，收益记录堪称惊人——巨大的收益。我便尝试用更加系统化的方式交易。所以，自然而然地，我告诉了马丁。马丁说："你为什么不过来，向比尔解释一下你的系统呢？如果他喜欢，我们又用得上你的系统，那么我们可以做些安排。"我想："这太好了。"但我当时完全不知道比尔·邓恩是谁。我只有20来岁，看起来年龄更小，还是女性。

迈克尔：你要向一位拥有博士学位，又做得极为成功的人推销自己。

珍妮：那时还没有谷歌，所以你没办法输入"比尔·邓恩"把情况搞明白。我全部的信息仅限于："马丁是我金融方面的导师，他叫我去他的公司，向他的老板做一次自我推销。"

我整理好了业绩记录，做了一个小PPT，然后开车前往斯图亚特。办公室里有比尔、皮埃尔、马丁，好像柯特也在场。我推销了自己的想法。我对它如此骄傲。比尔让我说完，然后看着我说："这是我听过的最疯狂的事情。你疯了。我可不会碰这玩意儿。你清不清楚你冒的是哪种风险？你居然还没爆仓？如果还没有，也差不多快了。”

我接受了他的建议，发现自己根本不知道自己在做什么。所以，幸运的是我们弃用了系统，我没有亏钱。

迈克尔：你第一次明白比尔在做什么业务，以及这些业务的规模有多大是什么时候？去邓恩资本的办公室时，有件事最奇特——你原本期待看到纽约的那种100层的摩天高楼，有着玻璃幕墙钢筋支柱，但是在佛罗里达州的斯图亚特市，你看到的可完全不一样。

珍妮：完全不一样。我们拥有这座美丽的临水建筑。你走出三楼平台，有个桌子，上面放着一部电话，还有个标签：“按下按钮”。这很幽默，我们没有前台。

迈克尔：1996年的时候环境还没那么好。

珍妮：我记得，21世纪初期我去的时候，大楼还没翻新。我想说我的顿悟时刻发生在成为独立顾问几年之后，通过和马丁的交流，我了解到他们的策略是多么惊人。但我没有与他们合作，所以我不能为客户配置他们的策略——邓恩资本不面向个人投资者。我只能建议客户拿走他们的钱，终止与我的合作，而直接去找邓恩资本。

迈克尔：你说你看到了他们的策略非常惊人。当你第一次听说那帮家伙在做什么时，听说过趋势跟踪交易吗？

珍妮：没有。毫无概念。

迈克尔：对我来说，发现趋势跟踪策略简直令人脱胎换骨。我记得我当时在想：“难以置信。为什么整个世界都对此一无所知？”我有MBA学位，但没有注册会计师或特许金融分析师的背景。我知道沃伦·巴菲特利用资产负债表的方式，但趋势跟踪完全是另一回事。你们采用的趋势跟踪系统有很多天才之处。我认为，更多的天才之处在于你们坚持下去的纪律。

珍妮：和我想的一样。趋势跟踪策略是地球上最大的秘密。但是，当你试图告诉别人它有多么不可思议时，由于它与主流观点如此相悖，以

趋势跟踪策略是地球上最大的秘密。

我们不尝试做预测。我们只识别各个市场的趋势，决定应该做多还是做空。

至于这像是一场艰难的战斗。

当我第一次听说趋势跟踪，我想："我怎样在投资中利用它？"它与我所受的训练完全不同。在我的训练中，我学到的是你买入一个标的是因为它的价值被低估——你尝试做预测。作为理财顾问，最重要的就是管理人们的情绪，帮助他们在艰难的时候选择正确的方向。趋势跟踪就是如此，而且效果非常好。它让我变得非常平静，因为系统没有情绪化的一面。我们不尝试做预测。我们只识别各个市场的趋势，决定应该做多还是做空。

迈克尔：对于你和我可能会谈论的很多事情，我们没有考虑到普通人听上去是什么效果。如果我们说"没有预测"，很多人就会听不进去，因为他们非常执着地认为某些人拥有一个水晶球，或者某种教育，或者天赋，使他们能够看到普通人看不到的东西。你怎样对他们做工作，使他们摆脱预测明天的理念，而是对明天做出反应？

珍妮：你说的一点没错。人们喜欢自己可以理解的、简单的、能够预测的事物。他们喜欢控制。他们永远在寻找那只水晶球，因为他们需要感觉到自己有某种先发制人的优势。我们告诉这些人，所需的唯一数据就是价格数据。

迈克尔：所以普通人可能会想："我有《华尔街日报》，我有投行经历，我要研究所有的数字，所有的数据，所有的分析报告。然后假设我得到1000项正确的数据，就可以用某种方式预测明天。"你说一切都已蕴含于价格中，是什么意思？

珍妮：作为趋势跟踪交易者，你要做的不是预测，而是尝试识别趋势并从中获利，尤其是中长期趋势。最终，你需要的唯一数据就是价格，因为价格已汇集了全部信息。

我去过一些会议，听到与会人员讨论中国的生猪产业和猪肉需求，发表各种长篇大论。他们请到很多分析师和所谓专家。我也听CNBC的新闻，因为理财顾问们都会听，我想听听别人在听些什么。但里面的内容都是故事，都是关于某个人对这个事件或者那个资产有什么信念。可笑的是人们会相信他

没有人能一直预测正确。

人的信念。然而，有一个自1984年起就投入交易并且不断经过验证调试的系统，人们反而说："好吧，我们怎么知道这个系统是有效的？"这真是难以理解，因为哪怕有10万亿个投资经理都做得不错，也没有一个能有规律地、百发百中地完成预测。绝无可能。我们不可能预见未来。

迈克尔：你提到1984年，那时正是特殊的WMA基金令你们声名大噪，但是真正的邓恩资本业绩记录可以再往前追溯10年，对吗？

珍妮：可以追溯到1974年，所以一共是45年。

迈克尔：太疯狂了。如果排除共同基金管理人的话，美国一共有几份那么长的连续业绩记录？沃伦·巴菲特是一位——他在投资行业的时间太长了。邓恩资本在投资行业的时间也太长了。肯定还有其他我不知道的名字，但有这种资历的没几位，对吗？

珍妮：是的，没几位。

迈克尔：你第一次见到比尔·邓恩时，他的风度如何？

珍妮：我对几件事有非常愉快的记忆，其中一件你肯定很感兴趣，因为任何听过这个故事的人都会觉得很棒，尤其是如果你亲身体会过你说的那种风度。

我在2000年进入投资行业，独立创业了8年。马丁一直是我的导师，我一直与他保持交流。我喜欢独立，自己创业，做自己的事情，从没想过要转型。

2010年下半年马丁打电话给我。我刚从一次美妙的意大利之旅回来，所以迫不及待地想和他分享这次旅行。他在电话里说："我在和比尔谈公司传承计划，而且我要买下整个公司，所以我希望你能用某种方式帮助我，让公司的业务更上一层楼。"我嘲笑了他，因为即便知道这是件大事，我还是很享受自己拥有的自由和灵活性，从没打算离开自主创业的职业发展路径。

但他在我心里埋下了一颗种子，几个月后种子渐渐发芽，于是我打给他说："我们聊聊吧。我至少得了解一下。"所以我就来到斯图亚特，见了许多人，不过并不包括比尔。之后，马丁说："好吧，现在你得再过来见见比尔。"到了那个阶段，我已经了解了公司和比尔的很多事，知道比尔是怎样一位传奇人物，所以我有些紧张。我问："马丁，我见比尔前需要做些什么准备？我不再是当年那个带着期货策略走进办公室的23岁天真女孩了。"他说："噢，我也不知道。你得自己弄明白。"我绞尽脑汁，还制作了一张数据表——关于他投资我本人而不是他的系统的盈利预测。

我的想法是，比尔将全部的钱都投入了自有系统。这就是他对这个系统的信心。所以如果我能展示投资我将获得多少回报，业务能够增长多少，应该就是最佳方案了。于是我就这么做了。我来到斯图亚特，希望并祈祷自己不要在比尔眼里像个白痴。我知道每件事都有因果，所以即便我没得到工作，也没关系。但与此同时，我不想丢脸。

所以我去比尔的办公室见他，聊了聊我的背景。我又展示了数据表。显然我不在研究部门工作，也没有博士学位，但好歹会些基础的Excel操作，数学也不错。我向比尔解释了数据表，然后他说："不，这些数据不对。"我在脑子里想："他是理论物理博士，怎么会看不懂呢？这很简单。"然后我又耐心解释了一遍，他第2次说："不对，数据是错的。"我心想："这不对呀。我的表格是正确的。"3次之后，他说："你是正确的。请继续吧。"我才知道他是在考验我。他想知道我能不能坚持自己的观点，对所作所为保持信念，他在试探能否令我动摇。

会议结束后，他说："一起去吃午餐吧。去我最喜欢的餐厅。"我们坐进了他的保时捷双座小跑车，他说："听着，我们先吃海螺肉炸饼，然后你得尝尝海螺杂烩。"我喜欢海鲜，但讨厌海螺。当然，我还是吃了海螺肉炸饼，喝了海螺肉浓汤，还装出很喜欢的样子。但我们吃得很愉快。回来后我告诉马丁："比尔特别可爱，但我不知道你们会在这个时候计划这些。我觉得时间未必适合。"几周之后，马丁打电话告诉我，比尔去找他说"我们没有理由不雇她"。

迈克尔：我记得在邓恩资本的一间会议室里，有一些同事正在向比尔推销他们可以如何扩张业务等。他们在使用各种行话，只有行话，行话，行话。我打量着比尔，心想："这些家伙搞砸了。他不愿意听这些行话。"轮到我发言时，我说："我觉得我们行业的最大问题之一就是用那些没人理解的术语，比如管理期货。"

和我在一起的其他人脸色发青。现场沉默了一会儿，突然，比尔拍着桌子说："我同意，我也不喜欢这些术语。"我暗自笑了起来。

珍妮：和比尔共度的时光是无价的。有马丁做我们的主席和老板的美妙之处在于，他与比尔一起工作了这么多年，在某种程度上，他在我们的公司文化中保留了很多久经考验的东西。同时，他将邓恩资本领入2.0时代，非常强调研究——但马丁的很多才能都是比尔精心培养出来的。

迈克尔：如果你和一些不知道趋势跟踪策略的聪明人聊，你会怎么说？我知道邓恩资本已经说过，这不是一家追求贝塔系数[①]的公司，但对很多人来说，这并不意味着什么。你会如何向这些人描述你正在做的事情？

珍妮：邓恩资本的基础与核心价值之一就是以客户为中心。许多公司正努力做到这一点，但邓恩资本的特别之处就是我们已经证明自己做到了。

首先，我们从不收取管理费。管理费率为零。也就是说我们只收取新增净利润的25%。如果你向我们投资，赚了钱，我们会从盈利中抽取25%；直到下次你的账户净值超过了上次的高点，我们才会再次收费。直截了当，非常公平。当然，这种方式也在鞭策我们，所做的一切都要努力保证交易系统的稳健与活力，因为我们只能靠系统赚钱。其次，我们自己做的饭，自己也吃。邓恩资本管理的资金中有约13%是自有资金，我们的钱与客户的钱放在一起，进行一模一样的交易。当然，我们不向自己收费。

迈克尔：你能为我们解释一下吗？

珍妮：在我们看来，贝塔系数意味着你几乎可以将基本的趋势跟踪系统变成一个指数。那不是我们努力的方向。我们努力成为同类中的佼佼者，真正地提供复合式增长。有许多同行在低波动率下交易，寻找绝对收益。他们的系统最初设置主要是机构化的，然后他们把那些大公司的名字塞进针对个人投资者的一揽子产品。因为壁垒低，他们更加追求绝对回报率。我们也遇到过这种情况，比如一只FOF基金来找我们说："我们可以将你们基金作为投资对象，但是我们希望降低

① 一种风险指数，用来衡量个别股票或股票基金相对于整个股市的价格波动情况。

管理费，并且只投资你们的贝塔类产品。”贝塔系数对我们来说是三个迭代版本前的基本趋势跟踪。我们不相信那套玩意儿。

迈克尔：在过去几年里，趋势跟踪交易领域出现了各种辩论和争议，人们说它已经不行了，或者是它的波动太大。然后2020年3月来了，这么大的意外事件发生时，真正赚钱的是那些久经考验的人。

珍妮：我遇到过一些顾问，特别是在零售理财领域，他们在过去要么利用过CTA，但没有配置足够的资金来发挥它的作用，要么就是投资波动性过低的东西。因此，向客户解释为什么要投资管理期货这项工作变得有点令人头痛。这些顾问在这方面有着糟糕的体验。他们的绝大部分管理资金可能来自交易管理账户的机构。他们可以随心所欲地调整管理期货的资金配置。但是，当你把这些低波动性的系统加入一个有额外费用的一揽子产品中时，它就会削弱已经相当低的收益流。

人们看到了这一点，却不理解管理期货真正的好处。他们没有意识到，我们自1984年以来的复合增长率战胜了标准普尔500指数。如果你给人们看我们的年度收益，没什么人会说：“哦，不，我不想要这些。”但是，如果你向他们展示月度收益，可能就会有一些人不相信你。他们对是什么推动了趋势的产生缺乏了解。我们的收益分布并不稳定。

迈克尔：即使人们对金融、交易和投资没有任何概念，不稳定的回报仍然是违反人性的。

珍妮：绝对没错。这是最困难的事情之一，因为如果你看一下整体的复合收益，特别是将趋势跟踪产品作为传统投资组合的补充，再看一下股票-债券现金投资组合，甚至可能还有一些房地产，然后你添加趋势跟踪产品，特别是邓恩资本的产品，你将很难找到一个不会受益于风险调整后收益的投资组合，因为趋势跟踪提供了如此不同的收益流。大多数顾问都知道，趋势跟踪与股票几乎是非相关的，但他们很难让客户持续相信这一点。

每个人都在用很短的时间判断事物。他们应该把这看作是：“好吧，我们有个投资组合是为未来10年、15年、20年准备的，看看它如何能提高你的风险调整后收益，看看它如何能在整体上平稳度过高波动时期，并且是增值的。”

这和其他东西一样。我们住在佛罗里达州，就在飓风发生地的中间。如果一个飓风在大西洋出现，它正朝着东南海岸前进，而我没有飓风保险。我不能打电话给保险公司说，“哦，顺便说一下，现在我想买点保险，因为我看到风暴要来了。”我一直试图将这些事情告诉那些顾问，还有其他人。他们总是说：“嗯，趋势跟踪挺不错，但我只想在需要的时候拥有它。”嗯，你永远不会知道你什么时候需要它。这又回到了预测问题：“我只想在它行情好的时候参与其中。”好吧，我只想在温度为24摄氏度、湿度为零、天空中没有一丝云彩的时候打高尔夫球，但事情并不总是如愿。

迈克尔：我提到过去几年里关于趋势跟踪交易的一些争议。但如果你研究一下2020年，会发现很有意思。2020年3月发生了一个大事件。我能感觉到焦虑的氛围在加重，虽然我不需要管理基金。然后美联储开始变戏法，抬高股价，人们便说：“噢，别担心了。我要买入并持有。”而今年，如果你采用一个不同的视角来看，你会对自己说“如果说哪一年我需要做的不仅是买入并持有，那就是今年了”，而不管美联储还能不能再次变戏法抬高股价。

珍妮：绝对没错。你我都对趋势跟踪充满激情。我在这里将近10年，趋势跟踪就是我每天思考、时时谈论的事。但回顾20世纪80年代，明星基金是彼得·林奇（Peter Lynch）管理的富达麦哲伦基金。它在一段很长时间内的平均年化收益率是30%，或者比这还疯狂。又有人调研了投资这只基金的人取得的回报，你认为他们赚了多少？

迈克尔：利润被管理费吃了？

珍妮：不，他们实际上是亏钱的，因为他们要么在追逐恐惧，要么在追逐贪婪。市场下行，他们便在这个错误的时机卖出。市场回暖，他们又怕错失良机，于是再次买入。趋势跟踪交易与邓恩资本的系统最棒的地方就是我们消

趋势跟踪可以消除情绪。

除了交易中的情绪。我们忠于系统和规则。作为对传统资产的互补型投资，你能看到它如何影响你的整个投资组合策略。它能让人真的坚持下去。

迈克尔：我们谈论的是一个能够简化到任何人都听得懂的复杂策略。现在，我想把我印象里一件关于彼得·林奇的事和你刚才说的那个例子做个对比——他的某些选股来自他处于青春期的女儿们，她们会告诉他商场里哪些东西很流行。那就是他的策略。你我都知道，那不是策略，那是20世纪80年代人们到处撒钱，在那个10年里他刚好坐在那个位置上，之后一切都结束了。

珍妮：说起来好笑，我父亲对我说过同样的话。我不知道他是不是从彼得·林奇那里学来的，但以前他常说："珍妮，如果你发现学校里有什么东西越来越流行，告诉我。"我以前一直以为这是他培养我的投资兴趣的手段。事实上，20世纪90年代早期我刚上高中时，告诉过他去投资汤米·希尔费格（Tommy Hilfiger）。直到今天，我也不知道他在那只股票上赚到了多少钱，但当我得到第一辆车时，他说："因为你挑的股票不错，你也相当于支付了一部分车款。"那让我对投资着迷，因为我想："只靠一个点子就能赚钱——我喜欢这样。"这是我进入金融业的原因之一。

迈克尔：你认为自己一路走到今天的位置，应该归功于运气吗？在拥抱机遇方面，你是怎么看待自己的？尽管你描述自己当时有点紧张，你仍然前往了邓恩资本进行自我推销。

珍妮：我认为结识他人的方式的确起了一定作用，但是老话也说运气就是准备与机遇的结合。

我对投资教育充满激情，因为我意识到这是一件多么必要的事。我也对邓恩资本以及我们的系统充满激情，因为我知道我们关心他人，希望他们能获得良好的体验，并且赚到钱。马丁会给潜在投资者打一个资格审查电话。直接与公司所有者通话的情形很少见。马丁会告诉你："这些是你可以期待的。"这样做如此重要，因为钱对人来说切身相关。人们着眼于自己的未来或目标。你希望为未来一段时间内将要经历的事情设定期望值，确保他们有所准备。至于我自己，我一直投身于教育和咨询。我喜欢与人打交道。我的业务范围包含了整个美国，所以有机会与各种人、顾问、机构和基金会等打交道，这真是太棒了。

认识我的人都知道我热衷于高尔夫球。能够在世界各地打球，我很幸运。当我在邓恩资本只工作了一年多的时候，我有机会前往新西兰著名的拐子角球场和贝壳杉悬崖球场打球，这两个球场的业主都是老虎基金管理公司的朱利安·罗伯逊（Julian Robertson），他是早期的多空策略传奇交易者。我准备动身前往新西兰之前刚好碰到了比尔。我说："噢，比尔，我要去新西兰打球，还要和朱利安·罗伯逊一起吃早餐。"他在跑步机上停下来，看着我的眼睛说："你知道他是个传奇人物，对吗？"

我到了新西兰，打了高尔夫球，还和朱利安一起吃了早餐。和我一起的朋友为了写一篇文章而采访他，我们还在旅馆遇到了他的几个孙子，一切都很自然。他问我在做什么，我便告诉了他。他竟对趋势跟踪策略一无所知，这让我感到很震惊。他也是另类投资策略的传奇人物，却对另一位传奇人物——比尔，一无所知。我才意识到趋势跟踪是非主流的。我们致力于让它成为主流。我们相信它不应该仅仅属于精英阶层，而应该属于普罗大众。

迈克尔：我想许多人通过我的工作了解到了趋势跟踪策略，但我还是很无奈。这是块难啃的骨头，对吗？

珍妮：是的，但它也很有趣。每个新的会议或来电都是一次挑战——满足人们的期望以及教育投资者。这几乎算是一个令人顿悟的时刻。一旦人们听懂了，他们会说："哇！我找到了自己一直在寻找的东西。"你可以看到它对人们产生了多大的影响，这也是它令我充满激情的原因，不仅是对整个行业，我对邓恩资本更是激情满满。

第5部分
尼尔斯·卡斯特鲁普－拉森

尼尔斯·卡斯特鲁普–拉森是邓恩资本（欧洲）的董事总经理。他从1990年起开始从事管理期货业务，在几家领先的CTA担任过管理职位，包括GNI基金、切萨皮克资本、海滩资本和Rho资产管理，他还是后两者的联合创始人。他同时创办并主持了一档世界领先的关于对冲基金和CTA的播客节目。

迈克尔的话

尼尔斯·卡斯特鲁普–拉森主持着一个名为“顶级交易员现场”的播客节目，嘉宾恰好包括众多多年来出现在我书中的交易者，比如杰瑞·帕克、大卫·哈丁（David Harding）、马丁·拉克（Martin Lueck）、亚历克斯·格雷泽曼、理查德·丹尼斯等。这算是趋势跟踪交易领域的先锋阵容了。

迈克尔：我开始对采访非交易者感兴趣，因为这很有意思，我可以和许多有趣的人交流。坦白地说，他们的思维和我们谈论的交易过程的理念并无不同。许多心理学家和经济学家也达成了这种共识：如果你要冒险，就要大胆尝试，也要承受很多小规模的损失。这是打出本垒打的唯一途径。

尼尔斯·卡斯特鲁普–拉森（以下简称“尼尔斯”）：的确如此。这也是你有这么多听众的原因，如果你像我一样只专注于一个很细分的领域，每周的听众就会很有限。但是你的嘉宾范围如此之广。有时是一名诺贝尔奖得主，有时又是一名作家，或一名交易者。

迈克尔：从20世纪80年代后期算起，你在对冲基金领域已工作接近30年了吧？

1987年10月发生的事让我对投资有些谨慎。

尼尔斯：其实1987年我刚入行时是位债券交易员。我在当年9月开始工作，我认为早期经历会一直跟随你这个说法的确有些道理。显然，1987年10月的事件让我对投资保持谨慎。那是个很有意思的时刻。然后到了1991年，我第一次接触管理期货与趋势跟踪策略。

迈克尔：这一切是如何开始的呢？

尼尔斯：我一开始做的是现金债券交易。我在丹麦长大，当时也在那里定居，为一家大银行交易政府债券。我当时看到的是，当机构投资者想要投机时，会使用现金债券，但当然，现金债券价格昂贵，而且流动性不强。那时作为做市商，我们每次受到客户大头寸的冲击时，都会用伦敦市场上的德国债券期货进行对冲。我们意识到这种标的所需的交易成本很低，流动性又很高。

我想自己一直有点创业者基因。我和一位同事辞职了，开了一家小公司。我们和伦敦期货期权交易所里最大的期货经纪商合作，但我们的商业计划是去找丹麦的机构投资者，对他们说："你们为什么不用德国债券期货来替代丹麦债券做投机交易呢？"我们在丹麦四处游说，告诉人们期货有多美妙，在伦敦交易有多美妙，成本有多低。但不出所料，没有人想把钱转移到伦敦。没有人想交易期货。那时期货的名声很糟糕。

1991年左右，我不得不回到那家经纪商公司，告诉他们我们一无所获，没办法获取新业务。他们说："听着，我们知道这很难，但是我们有个小团队，大约有25到30人，他们在做一种叫作管理期货的业务，在利用期货赚钱方面有业绩记录。你去找投资者时聊聊这件事可能会让事情容易点，因为你可以给他们展示一下业绩。"

我就这样进入了管理期货行业。当然，我得自学管理期货的内容，然后又和海龟交易者们产生了交集。我从不回顾过去，我也没做过管理期货和趋势跟踪交易之外的事情。你说的没错，一晃30年过去了。

迈克尔：你能回忆起第一次理解海龟交易者、AHL基金、理查德·丹尼斯、比尔·邓恩、约翰·W. 亨利在做什么时的感受吗?

尼尔斯:我花了一些时间才完全认识到并欣赏其中的价值。我有交易方面的背景，从小接受的理念是低买高卖。当我开始观察这些人在做什么以及趋势跟踪交易是什么——怎么制定规则，怎样在突破时买入，怎样在下跌时卖出，我发现一切都与我的理念相反。一段时间后我才彻底明白这比低买高卖策略更好。

看到他们的交易回报对我产生了立竿见影的影响——我觉得最好就是看证据。如果你研究业绩记录，会发现这些公司提供了惊人的回报，但风险不一定比投资股票市场的更高。我在1987年9月进入这个行业，1987年10月19日见证了大崩盘，这让我对风险有所敬畏，但我看到了丰厚的回报，风险却没有明显增加。

然后我开始研究那些公司怎样在将风险最小化的同时释放上涨的潜力。对我来说，这是一个完全理解和欣赏这些人做的与众不同但又有意义的事的过程。当然，一旦你开始研究有关基本事实的细节，并认可分散投资的价值——不相关的交易市场、风险管理、不依赖单一市场或单一产业来产生主要的利润——一切都说得通了。

正如我所说的，我发现我们所做的事情与只遵循多头策略相比有更大的意义，这也是为何我对没多少人接受趋势跟踪策略和概念感到沮丧，他们有什么证据能证明你不该或多或少地把它纳入投资组合呢?

迈克尔:我认为趋势跟踪策略被那些可能别有用心的人定位为有争议的策略。

我仍然记得自己最初的发现之旅。我见到了那些海龟交易者，看到了他们在做什么，这真的很有意思。然后我看到了约翰·W. 亨利在做什么，这也很有意思。我还记得自己第一次开始研究邓恩资本。我在想:“这是什么? 这人是谁? 发生了什么事? 等一等，他们好像和我关注的另一批人所见略同，但交易回报更加引人注目。”那种感觉很奇妙，就好像在做调查记者。

那时，你找不到多少关于趋势跟踪的见解。有时在会议上会有人提及一两句，或者出现在杂志的末页里，但有关它的阐释不多。我得做很多调研工作。

尼尔斯:到了20世纪90年代早期，我们有了MAR报告(管理账户报告)。这些报告开始追踪行业动态，你可以看到排名和排行榜，它们会让你觉得这是某种新事物的开端——尽管我觉得当时在趋势跟踪策略下的管理资金规模还不到100亿美元。我敢肯定，这些先驱者中的大多数人彼此之间没什么联系，所以他们都在靠自己——这是一个令人难以置信的勇敢决定：将新技术应用于市场，直到很久以后才能够得到验证。

迈克尔：大家共同的前辈就是理查德·唐奇安。在测试策略的某个阶段，他们肯定都翻阅过《股票与期货》（*Stocks and Commodities*），去了解唐奇安。

尼尔斯：他们肯定会从某些地方得到过启发。唐奇安是个不错的选择。

迈克尔：我们谈论的是一种可以追溯到几十年前的特殊交易理念，但我仍然会收到别人的电子邮件，说："嘿，迈克尔，我看到一条彭博的头条新闻，说趋势跟踪策略已经死了，已经没用了。"

尼尔斯：我在欧洲和亚洲见过许多投资人。我们有45年的业绩记录，但人们还是会问，你的策略有效吗？这就是为什么我仍然感到沮丧，人们不接受这些证据，但他们愿意相信一种人，那种人老练地猜测他们认为会发生的事情（人们内心深处知道这一点）。他们原本有机会向这些几十年来一直都在兑现承诺的经理人投资。也许人们不愿意投资于一个让自己感到不舒服的策略，尽管随着时间的推移，它的表现比股票市场8%的平均回报率和50%以上的回撤率要好很多。

迈克尔：趋势跟踪交易世界里的每个人都有自己的秘籍，每个人都觉得自己的武功天下第一。这就是人性。但如果你看看趋势跟踪的大局——当你看到一些使用完全不同的交易方式的人，甚至是使用相同交易方式的人说出一些不一致的话时，你是什么感觉？这对于普通人来说会很困惑，不是吗？

尼尔斯：是的，这点很重要。我们经常听见"这次不一样"的说法，而它就是问题的根源，因为人们想要相信出于某种原因，市场变化到足以令长期以来行之有效的策略失效的地步。他们忘记了市场是人类行为的产物。

曾经有些时期，一些人在特定价位买入，另一些人在同一价位卖出，市场相对平静。然后，时不时地，我们得到一些新信息，让更多的人选择买而不是卖。

然后价格就会出现变动，出现动量效应或趋势——不管你用哪个字眼——这就制造出投资机会。如果那种行为突然停止了，那就太奇怪了。

人们为什么总是预期市场会达到平衡状态？我们不会这么做，因为没有证据证明这一点。但我确实认为，我们在推广趋势跟踪策略上也给自己制造了一些小困难。一方面，我们会很坦诚地说趋势跟踪策略很难掌握，因为的确如此。开诚布公没关系。但另一方面，我们一直在说趋势跟踪交易并不难，它是相对简单的。

我们这样描述自己的策略是在拆自己的台。如果我们看看20、30、40年前趋势跟踪是怎么做的，今天又是怎么做的，会发现这里面存在着巨大差异。我们应用技巧的方式要复杂得多。最基础的法则可能还是很简单，但是将法则整合起来不简单。除此之外，你还要面临策略实施上的挑战。我不是说我们的行业不犯错，我认为我们可以承担一些责任，但人们在内心深处总是想质疑事物，倾向于相信市场已经发生了变化。

2019年，行业最近一次大跌后，有些人说由于唐纳德·特朗普（Donald Trump）的发言，突然间市场变化过快，趋势跟踪交易者跟不上。而那时我们正处于一个有史以来最强业绩周期的开端。事实上，45年来我们只有一次连续8个月获利，当年我们连续7个月获利。还是那句话，要看证据。为什么说特朗普的发言让趋势跟踪交易者赚不到钱？这话很傻，但人们总是选择发表这类故事。

迈克尔：人们有时考虑不到游戏里的游戏。

发表此类内容就是为了骗点击量。整个设计就是骗你点击，然后他们从中赚钱。如果头条这么写——“趋势跟踪是苏黎世地下掩体中的外星人设计的策略”，人们还是会点进链接，然后给我发邮件。我们还必须考虑这句话是不是由该领域的权威说出来的。

人们倾向于相信市场已经发生了变化。

以前，如果我想向权威请教趋势跟踪策略，我可以联系杰瑞·帕克、比尔·邓恩或者约翰·W. 亨利——这些都是我身边的人。至于现在的媒体报道，人们有时会忘记查看作者是谁或者看看他们的简历。那些作者可能知道些什么，但是如果你再多点几下，会发现他们最近写的10篇报道之间毫无联系。实质上就是有人写了一些文案，让你点击。这对于投资人来说很麻烦，因为文章看起来很严肃："噢，天哪。这是彭博的头条新闻，一定有重大含义。"不，没有含义。

尼尔斯：我完全认同。我会时不时地查一下那些写故事的人，他们通常对我们的业务没什么经验，但是意见很强烈。作为趋势跟踪交易者，我们只能做这么多。我们继续讲故事，展示证据，谈论策略，用稍稍不同的方式教育大众。

迈克尔：我想到了杰瑞·帕克。我认为说到推特上的活跃度，他绝对超过了趋势跟踪领域的任何一个人。杰瑞·帕克给你的最大启发是什么？

尼尔斯：我很幸运可以和杰瑞建立长期关系，因为我曾在20世纪90年代中期为他工作过。我完全同意你的观点，杰瑞在教育他人以及在社交媒体上发表观点这些方面做得非常成功。有趣的是，在20世纪90年代，杰瑞谨慎得多，因为当时还有很多关于海龟交易者、规则和秘籍的神秘传言。但是今天他在分享信息和帮助他人方面出奇的慷慨，不仅对投资者，对许多年轻交易者也是一样。

他从海龟交易者项目中收获的最重要的东西就是理查德·丹尼斯的指点——只要坚持使用系统，亏钱没关系，而且你应该因为遵守规则而受到赞赏。在交易中，平庸的规则也胜过直觉。杰瑞在传达这些核心概念方面做得很棒。我有幸近距离观察他的做法，观察到他如何在这么多年里持续打造个人业绩记录。

迈克尔：坦率地说，当我正在撰写于2007年出版的《海龟交易特训班》时，在图书项目启动之前，我和杰瑞面谈过许多次。但他不愿意当这本书的采访对象。我设法让圈内的一半人接受了访谈，另一半人则想将我告上法庭。你是对的，那时的杰瑞更沉默，但有些极端。现在，如果我想得到一些关于趋势跟踪的洞察，我就去推特上找杰瑞。我不知道还有哪位趋势跟踪交易者比他更活跃。

尼尔斯：我同意。我希望有更多像他这样的人。说到书，拉里·海特出版了一本名叫《投资的原则》的书。特别重要的是，一些先驱者留下了遗产——这样我们就能想起那些早期的日子，以及那些永不过时的教诲。这也让我想起了瑞·达利欧（Ray Dalio），因为他在退休前对与媒体的互动也很谨慎，但退休后，他就成了一个信息源泉。如果人们不好好利用这些信息，就吃了大亏。

迈克尔：2012年时，拉里曾和我商量一起写本书。随后我决定去亚洲休整一段时间。可怜的拉里被我耽误了。但最终我认为他更高兴的是可以独立完成这本书，而不是与人合著，因为他的经验，他的名字，以及他所做的一切都应该只署名拉里·海特。这是他的成果。他花费了很多心血。

尼尔斯：我听了你和拉里的对谈，他真是魅力非凡。他的话里有很多伟大的信息。他说话的方式也很有魅力。我可能是班门弄斧，他有一句名言大概是这样的：趋势跟踪本身并没有什么魔法，但趋势跟踪所做的会产生魔法。这难道不是很妙吗？将精华浓缩在几句话里。

迈克尔：让我和你探讨一下。我今天把这几个词都写下来了：管理期货策略、CTA、量化、系统化趋势跟踪。我们为什么不能把名称统一起来？为什么这种交易方式存在定义上的问题？

尼尔斯：统一了也没什么用。有些名称的来源是管理当局对于策略的分类方式。这就是“CTA”的由来：商品交易顾问（Commodity Trading Advisor），它会告诉别人我们在做什么。这种现状的确令人困惑，但是我们只能接受。我想起在20世纪90年代早期，CTA和趋势跟踪交易者的日子不太好过，许多基金经理开始管自己叫作对冲基金，认为这样投资者的接受度会高一些。但之后，他们又回归了CTA管理期货分类。我也没有答案，但这的确让很多人困惑不已。

迈克尔：你提到杰瑞·帕克接受理查德·丹尼斯的指导。我是唯一保存着每篇引用过他的文章的人。他在20世纪70年代、80年代和90年代的访谈中会说一两句格言，他会将一个复杂的话题用人人都能理解的方式分解开来。如果你去回顾这些年他的公开讲话，会发现这些讲话既有一致性，又令人大开眼界。

尼尔斯：趋势跟踪方法的一大强项就是让事情尽可能地简单，但也不会太过简单。这来自行为金融学。一个复杂的问题需要一个简单的解决方案，这一点已经被证明了很多次，而很少有什么是比金融市场及其日常互动更复杂的。

一个复杂的问题需要一个简单的解决方案，这一点已经被证明了很多次。

尽管我刚才说过，今天我们应用趋势跟踪策略的方法更加复杂，但其基本规则仍然相对简单。理查德·丹尼斯在如何表达自己方面是个大师。他那时做的事极为重要，不仅与20位海龟交易者分享信息，还包括创造了我们行业某种程度上正缺乏的叙事技巧。他有次告诉我："我做交易三分之二靠规则，大约三分之一靠直觉。"他很好奇交易是否可以完全以规则为基础，以及自己能否证明这一点。他通过实验去寻找答案，让一切尽量简单化。

迈克尔：虽然他可能没有把功劳揽到自己身上，但实际上他做了很多绝妙的营销工作。当你看到这个谜团，看到"海龟"这个词，以及那篇著名的《华尔街日报》文章，会发现那绝对是华尔街最著名的故事之一。我想在了解交易的人群中，海龟交易者的故事非常出名。

尼尔斯：在我的印象里，理查德·丹尼斯是一个非常谦逊的人，不像许多其他与华尔街有关的人那样追求名声。他有很多伟大之处值得一提，我们应该感激有这样的人做了这样的事。

迈克尔：让我们聊聊对你来说很熟悉的事情。我先来说。大约在1983年或1984年，我16岁，当时正练习网球。我的教练名叫马丁。马丁·伯金就是今天拥有并管理邓恩资本的人。比尔·邓恩创办了邓恩资本，而现在由马丁经营。这些事件的汇聚是多么奇妙。你为什么不分享一些经验或想法呢？

尼尔斯：我们从比尔开始，他与当年一些其他的传奇人物有很多共同之处。他们都有很大的勇气去做他们所做的事情。他们显然都很投入，有一致性，清楚地思考要实现的目标。他们当然也不吝于以坚定的信念来实施计划。即使收益波动很大，只要他们感觉不会倒闭，就会坚持下去。

当你与这些人近距离接触时，他们的态度也很谦逊，但这一点通常不被提及。他们对外部世界可以很谦虚，对市场也可以很谦虚，因为他们知道自己会时不时地被市场教训一下。而这也是为什么他们通常选择分散化投资。

这是不同性格特点的混合。我想很多传奇人物，包括比尔，都有这种特质。你永远没法从比尔·邓恩那种人身上感觉出他今天是赚了10%，还是亏了10%。他们的情绪与每天或每月的业绩波动没有任何关联。当你遇到能够做到这一点的人时，你会看到他们充分展现了这种特质，因为在他们刚开始进行趋势跟踪的时候，计算机的能力要差得多。但是比尔和他的儿子丹尼尔，他俩真的是从每天去图书馆做研究开始的。丹尼尔现在还在我们公司。他们用那种打孔机进行运算，算出当天的买卖指令。直到20世纪70年代末他们才得到了一台计算机。

比尔建立了一个无比重要、无比有价值的平台和业绩记录，马丁又将它发扬光大。比尔具有自律和公平对待客户的美德。我们的费用结构比较罕见，我们只在客户赚钱的情况下收费，这是1974年比尔树立的规则。

马丁一直专注于趋势跟踪策略，从未偏离。他保持了这些传统，同时创造了一个人们可以创新和改进的环境，这意味着我们今天所做的事情要更复杂一些。我们针对趋势跟踪策略的方法更为统计化，尝试推出一个更多投资者愿意将其纳入投资组合的一揽子产品，因为我们知道坚持这个策略不容易。如果我们能够推出一款风险调整后收益略高的一揽子产品，那么这就是件好事，只要我们能保持趋势跟踪策略提供的诸多好处。

对我来说，有一件事一直很清楚，那就是比尔在办公室里经常说的一句话：投资趋势跟踪策略的最佳时间是在回撤的底部，其次是今天。这是对应该如何看待该策略的简约又经典的描述——和拉里·海特说的某句格言很接近。

迈克尔：杰瑞·帕克和马丁·伯金有个有趣的交集，那就是他们都有会计学背景。如果有人认为人们就该像《华尔街之狼》（*The Wolf of Wall Street*）里展示的那样致富，那他们看到我们聊起马丁·伯金和杰瑞·帕克，应该会重估一下这种印象。如果你在他们的办公室里和他们中的任何一个接触，会发现他们不会表现出任何与《华尔街之狼》中的迪卡普里奥相似的地方。很多人觉得这令人难以置信，因为迪卡普里奥的形象是许多人想象中在华尔街赚钱的样子。

尼尔斯：我记得你曾经说过，你第一次来邓恩资本时觉得很奇怪，就像身处

投资趋势跟踪策略的最佳时间是在回撤的底部，其次是今天。

会计师的办公室。与我合作过的所有公司，它们的办公室也给人同样的感觉。这和电视剧与电影里演的不一样。工作的流程井然有序。我们通过遵守严格的规则和流程来剔除情绪因素。这就是为什么哪怕市场波动，我们也能镇定自若。

迈克尔：这里还有一个我要提起的名字。曾经有个小公司名叫AHL，是由马丁·拉克、大卫·哈丁和迈克尔·亚当创立的，公司后来非常成功，演变成两家公司——宽立资本与元盛资本。马丁、大卫和迈克尔绝对是趋势跟踪领域的先锋。我仍记得第一次与大卫·哈丁在他的办公室里谈话，他极为直言不讳。不过有趣的是，现在围绕着这3位曾长期肩并肩地通过趋势跟踪策略赚钱的先锋们产生了一点争议。你有什么看法？

尼尔斯：这3位都很了不起。和你一样，我的播客节目里的许多访谈都是远程进行的，但当我为迈克尔、大卫和马丁的30周年做采访时，我们决定在阿比路录音室里面对面录制。观察这3人之间的化学反应很有趣，他们的历史紧密交织，但又有相互竞争的关系。在那两个半小时里我真的学到了很多。

至于你说到的争议，我认为趋势跟踪策略的执行是有规模上限的。一旦达到百亿美元的规模，我认为你就会丧失一些发挥趋势跟踪策略最优价值的能力。你必须让系统放缓，避免产生太多交易成本。或许最重要的是你会失去一些商品市场，因为它们的规模太小，这样你就享受不到分散投资带来的好处。我认为鉴于大卫将元盛资本打造得如此成功，他已找到趋势跟踪策略之外的、能产生更高收益的策略。那么就他的处境来说，他的做法恐怕是正确的，因为200亿美元或250亿美元规模的趋势跟踪投资产生的收益满足不了他和他的投资者。而宽立资本、邓恩资本或切萨皮克资本就没有这类问题，因为基金的规模不同。

我认为大卫并不是在说趋势跟踪无效，他只是说还有别的策略可以让他做得更好。我也就降低波动率这个整体概念问过他。他的解释是他不希望客户经历类似于1987年10月19日的事件，尽管我们知道分散化的股票投资组合只占其中一小部分。谁又能说因为股票的表现很糟糕，趋势跟踪策略的表现也会很糟糕呢？我不这么想。

听这3个人讲故事可以学到很多东西。让我着迷的是，这么多年过去了，他们仍然对知识和进步如饥似渴——他们还在追求持续的进步。很明显，我们永远不能满足于过去的成就。

有些争议没关系，只是记者们必然会利用机会大肆宣传，因为很不幸的是，当大卫降低他投资组合里趋势跟踪策略的重要性时，很多人把他的行为解读为趋势跟踪策略突然无效的信号。

迈克尔：在过去10年里，大卫·哈丁的资产管理规模飙升至300亿美元，现在又下降了。其他的大型趋势跟踪交易商管理着10亿至20亿美元。你指出的一点很正确，那就是投资者需要广泛的视野才能把现状弄明白，因为如果一位交易者管理的资产规模是300亿美元，另一位是10亿美元，那么这就是两种不同的游戏。

尼尔斯：问题在于投资者往往相信名气大的交易者。在过去的20年里，参与趋势跟踪交易的机构越来越多了。所以每个人都说："好吧，为了吸引这种类型的投资者，我们应该降低波动率。"整个行业的交易回报都降低了，这使趋势跟踪策略看起来效果没那么好了。这是设计问题，而不是趋势跟踪策略本身无效。我们看到的恰恰相反。过去6年里我们的回报更强劲，比之前的35年都要好。

目前很多人都在追求平稳，拒绝冒险。稍微离题一下：我们之前提到信念问题，甚至我们行业内的某些基金经理自己也说趋势跟踪策略不行了，因为在过去35年里我们将利率作为获得大额收益的重要驱动因素。的确，趋势跟踪作为投资策略，让我们通过长期持有多头债券赚了很多钱。对我来说，该策略被设计出来就是为了对趋势怀有信念。它不会告诉你接下来30年的趋势和最佳回报在哪里。

迈克尔：你谈到追求平稳，这很有趣。我还能想起第一次见到比尔·邓恩时的情形——与他握手非常令人生畏。当你遇见那些让你激动的人，他又真的让你那么激动，你离开时会感觉备受鼓舞。你不可能在见到巅峰时期的比尔·邓恩后还会觉得"噢好吧，我想回去赚点联邦债券利息钱。我的货币市场账户呢？"。你离开他时会觉得："我能做任何事情。他就做到了。他激励了我。"这就是你从这些人身上学到的态度。这并不意味着追求高风险的心态，也不意味着异想天开，孤注一掷。但是用某种特定的方法运用趋势跟踪策略，你就会得到有波动的收益。

有一点你说得对，那就是这么多机构投资者的存在让游戏有所变化，因为你要应对的思维模式不同了。这是投资者需要考虑的。但是，回到新闻的话题上，你得自己研究，不能盲目相信媒体的报道。

尼尔斯：当你去见投资者时，他们肯定会担心某种资产配置得太多或太少，从而与他人不同。有种力量迫使他们与他人保持一致，但这不是我们作为个体公司的追求。从一个投资者的角度来看，我发现这种情况很多，这很令人遗憾。

再说回趋势投资策略带来的波动性。我想起了与比尔·德雷斯的谈话，在我看来他也是一位传奇人物。比尔说到很多人使用能够给投资者带来平稳收益的策略，而实际上是在积累风险，就像我们看到的美国长期资本管理公司那样，最后一败涂地。我们作为趋势跟踪交易者，每天所做的事情就是识别风险。

迈克尔：实时识别风险。

尼尔斯：当然。我们对风险的识别是持续性的，因此与他人完全不同。私募股权就是我刚刚说的那种策略之一，至少在很长一段时期内不用交易你的头寸，然后就可以制造出一种投资很安全，波动率很低的假象。

迈克尔：你说得很好，人们关注私募股权或风投基金，对它们幕后的运作却一无所知。它们就像《绿野仙踪》的幕后。

尼尔斯：但是风投基金的部分理念可以直接应用到趋势跟踪交易上，那就是广泛下注，等着其中的5只黑马来弥补当年所有的亏本买卖。人们如何倾向于选择对自己有利的事是很有趣的。我们知道原因，这是人类的行为，我们天生如此。所以我们对此毫不意外，但是观察你如何挑拣让你感觉良好的事物而忽略其他证据是很有趣的。

迈克尔：比起趋势跟踪策略，没有人公开批评风投基金的策略，说它是不好的或消极的，哪怕它们的思维方式在本质上是相同的。当你在邓恩资本开始交易时，你不知道趋势可能会从哪里出现，你要抓住任何苗头。同样的思维模式，一方备受赞誉，一方饱受批评，这可真有意思。

尼尔斯：是的，这很迷人。如你所言，这是人性。

迈克尔：还有一个人令我着迷。杰森·布伦（Jason Blum），他的关于美国全国公共广播电台（NPR）采访和音频故事很棒。他来自好莱坞的电影制作商布伦屋影视制作公司，他就拥有相同的思维模式。他在许多恐怖片上采用了这种超常规的方式。他说："瞧，我会给每部电影投资100万美元。我知道其中9部都会失败，但有1部会帮我赚回2亿美元。"这是同样的思维模式。

尼尔斯：一模一样。再想想拉里·海特，当你追溯趋势跟踪策略的根源，一切的起点就是减少损失。成功的交易者会照顾好自己。有决心和纪律来确保那些亏钱的交易不会超出某个特定比例，这本身就是很重要的第一法则。

另一个类似的例子来自亚历克斯·格雷泽曼，他在明特投资管理公司与拉里·海特共事了许多年。他告诉过我他去明特投资管理公司面试，当时他试图从拉里那里了解那家公司的真正优势是什么。亚历克斯是个学者，他想听到一些很深奥的东西，所以当拉里回答"知道什么是你所不知道的"之后，想想他有多失望。

趋势跟踪的优势在于知道什么是你所不知道的。

如果你今天去问亚历克斯趋势跟踪策略的优势是什么，他的回答正是："知道什么是你所不知道的。"和那些高谈阔论美元为何涨跌的主观交易型全球宏观策略基金经理相比，这个故事对投资者来说不够吸引人。"知道什么是你所不知道的"看似寻常，却充满了力量。

CHAPTER 7

第7章
埃里克·克里滕登
全天候交易方法

埃里克·克里滕登（Eric Crittenden）是立场资产管理有限公司（Standpoint Asset Managemengt LLC.）的首席投资官。他在设计和管理投资策略方面拥有超过20年的经验，擅长共同基金和对冲基金的系统化交易。除了创建健全的投资策略，他简化和传达复杂主题的能力也令他有别于其他投资经理。埃里克的经验和研究表明，他的全天候交易方法有助于资产类别和投资风格的多样化，以保护投资者免受集中投资的风险，同时还能提供强劲的回报。

迈克尔的话

埃里克·克里滕登是一位趋势跟踪交易者，有超过20年的经验。他资历丰富，经历过各种投资环境，拥有了不起的视角。埃里克还有一只基金，汤姆·巴索刚好是这只基金的主席。

迈克尔：前几天我随手记下了一些东西，并在网上发布。我不知道它是从哪里来的，但我已经对看到没完没了的情绪化思考感到厌倦。你可以从接下来我说的内容中选择哪些是你喜欢或不喜欢的，然后我们可以展开讨论。

我的过程是：第一步，批判性思考。第二步，找出逻辑谬误。第三步，消除虚伪成分。第四步，摧毁神圣不可侵犯之物。第五步，嘲笑集体的或偏护的观点。第六步，去除装腔作势。第七步，搞定情绪化的劝说者。第八步，轰炸身份政治。

我不知道这会不会引发争议，但这些步骤的目的在于帮助人们真正地思考。在过去几年里思考变得不再时髦，我们失去了什么吗？

埃里克·克里滕登（以下简称“埃里克”）：更安全一点的话，我们应该讨论为什么。为什么要有这些步骤？

迈克尔：你喜欢这些步骤吗？

埃里克：绝对喜欢。但这个议题很敏感，一点就着。人们一听到，就理解为一种指责，一种批评。他们会立刻进入防御模式，开始挖战壕，准备进入战斗状态。

但如果你跳过所有这些，直接进入“为什么”部分，你就会表现出一种完成任务的愿景。然后你会将这些内容和绝大多数人追求的结果联系起来。你可以用某种方式告诉别人他们有口臭，让他们一拳打在你脸上，或者你可以用另一种方式告诉他们，让他们视你为一生的朋友。信息都一样，但为什么结果大相径庭？

迈克尔：这是现在真正的挑战。不论你是经营事业，还是劝说朋友，或许因为有时你表现得太软弱，无法将观点传递出去。不足与过犹不及之间有条微妙的线。

埃里克：我把它叫作销售过程，但实质上是同意过程。不管我们是否愿意，它都是按阶段发生的——你不可能见了一个人，通过一次对话就改变了他的想法，除非他很容易受人影响。这很不幸。不过改变一个人的想法或让他以不同的方式看待事物的销售周期将经历一些可预测的阶段，这些阶段取决于信任、可信度和结果。一次对话是不够的。

这是对你问题的一点回应：什么改变了？我们处于一个一切都应该是即时的周期里。这多亏了社交媒体。社交媒体是大脑的垃圾食品。它令每个人暴露出最糟糕

改变一个人的想法的销售周期将经历一些可预测的阶段，这些阶段取决于信任、可信度和结果。

的一面，它没有为我所建议的真正交流所必需的东西留出空间。

迈克尔：你会如何与别人谈论批判性思维呢？你会怎么解释它？它为什么对你很重要？

埃里克：当你说到批判性思维时，其实我不清楚你的意思。我不确定在这种语境下你如何定义批判性思维。如果我是一个防御性很强的人，或者如果我可能面临损失，或者我对你持怀疑态度，那么我构建出的问题一开始就会具有消极的内涵。如果再把这一点与社交媒体的即时满足环境结合起来，我们自然会走错路。

不过，针对你的问题，我认为好的办法就是向人们展示你的意思，而不是说它有机会成功。不幸的是我们又回到了销售过程，它需要信任、可信度和多次对话。

迈克尔：你是在暗示我可能会想在谈话开始时扔一颗燃烧弹来激怒人们？

埃里克：以前这种方法可能对你有用。它不是一件坏事。这种方法可以是好的，就如你刚才所说，你要在某些时候引起他人的注意。而且如果我们要获得影响力，某种程度上就得取悦粉丝。问题在于你想从这种交流中得到什么？

迈克尔：对我来说，我想将一些事情分解开来。要批判性地思考一个问题，我首先要把事情简化到某种程度，使我能够看清其组成部分，而且针对这些组成部分没有任何情绪。但我发现，如果人们感到害怕，就很难达到这个层面。

埃里克：这取决于你的受众和你的动机。如果我面对的是有敌意的受众，我往往会颠倒顺序，从结局开始，然后倒推回去。这让他们大吃一惊，迫使他们在一段时间内保持客观和开放的心态。你可以通过隐蔽的方式避开他们的防御，直到最聪明的人开始理解你的观点。这很有效。我称这一过程为反转。伯克希尔·哈撒韦公司的查理·芒格是个中高手，他总是倒置顺序，从最后开始，从右到左，而不是从左到右。因为如果你从左往右走，他们在一公里外就能看到你正在走来。

迈克尔：让我们用趋势跟踪管理期货来举个例子。你面对的受众满怀敌意。

假设他们都很聪明。他们接触过市场和投资。但他们是第一次听你讲话，并且对管理期货或趋势跟踪并不熟悉，而你需要像你说的那样从结果开始讲起。你要怎么引导他们一步步倒推回去？一旦他们听到你可以采取全股票投资组合，以及得到一个可以同时增加回报和减少风险的投资流，他们就会觉得这听上去不错。但让他们一步步倒推去理解整个机制有点棘手，不是吗？

埃里克：趋势跟踪是个好例子。你勾勒出一群不知道趋势跟踪是什么的人，但更难与之沟通的是一群知道它是什么，但已经决定不喜欢或不想要它的人。

我最近在网络上传了一个视频，叫作“盲品测试”。这是我最喜欢的工具之一，可以让那些不喜欢管理期货的人接受它，而且真的很简单。我所做的就是把一堆不同的资产类别匿名化，去掉名称，并给它们标上颜色代码。股票可能是红色，债券可能是黄色，管理期货可能是粉红色。债券和股票的组合可能是蓝色，然后管理期货和股票的组合可能是橙色。不过，不要告诉观众这些是什么，让他们看一下每个资产类别历年的回报率、总回报率、波动率、下跌年份的数量、回撤幅度，以及其他的东西。只需让他们指出他们倾向于选择哪一个，远离哪一个。让他们以客观的方式做出选择。这就像百事可乐和可口可乐之间的老式盲品测试。

当然，我知道答案是什么，因为这个测试我已经做过几百次了。绝大多数人都选择了包含管理期货和股票的混合方案。而当我要求他们剔除一个资产类别时，在不知道它们是什么的情况下，绝大多数人都选择了单独剔除股票，因为股票具有最高的回撤和波动率。

然后，当我向他们公布他们的选择时，很多人感到意外。有些人觉得难以置信，完全不敢相信。有些人有点沮丧。但他们不能忽视这样一个事实：当他们客观判断的时候，他们选择了50%的趋势跟踪管理期货。然后我就（在质疑中）站稳脚跟，非常棒。即使是那些专职写文章批评管理期货的人，现在也在某种程度上开放了思维，好奇为什么在被迫保持客观的情况下，他们会选择管理期货。现在，比起走入人群说“嘿，我是一个管理期货交易者”，然后开始谈论阿尔法系数、协整、协方差、分散投资之类的东西（这将使你得到0分），我上面提到的做法会更有成效。

迈克尔：你提到的例子让我想分享一些过去的事。我上七年级时在学校的科学展上得了奖。

在为科学展做布置时，我与我的一个朋友紧挨着。他后来成为一名急诊室外科医生。七年级时，人人都知道他未来要做手术医生。他很聪明，人人都知道他会朝那个方向发展。他做的相当于盲品测试。每个人都认为：“哇，他肯定会赢。”

我的父亲是名牙医。我看到那些奇妙的牙周病照片，里面是人们的腐烂牙龈。我坐下来写了一篇关于牙周病的精彩演讲，我有其他的七年级同学所没有的照片。我赢得了科学展。在某种意义上，这与你讲的意思很契合。你做了许多研究工作，展示了所有的盲品测试结果。但是接着有个人站在那里，展示了一堆疯狂的照片和疯狂的故事，吸引他人的注意，最后大受吹捧。

埃里克：诱惑是种手段。股票价值是种手段。你在满足市场上一些未被满足的需求，而且这当时对你的受众来说可能是一种娱乐。这是有一定道理的。

迈克尔：我想引用萨姆·哈里斯（Sam Harris）的一句话，这正好解释了为什么了解管理期货的人仍然对它不感兴趣：“我们得尽最大努力，不要把心理问题误认为哲学问题。”

为什么了解管理期货的人不愿意投资，这其中有很多心理学的原因。那个根深蒂固的问题是什么？你我在管理期货上有几十年经验了。我们知道它是什么。当你进行较高风险的投资——相比之下风险也不高，但如果你在股票和债券投资组合中加入收益流不同的标的——结果会很酷。其中的数学问题很简单。这种方法很聪明，很有趣，干净利落。但是，人们对它的心态真是纠结，不是吗？

埃里克：的确，这令人诧异。这是我最喜欢的话题之一。认知心理学在我们的行业中是如此关键。但我觉得人们是在以错误的方式对待它。他们自然而然地摆出一副对抗的姿态，开始向人们说教。如果你想在社交媒体上获得大量点击，这可能是有效的，但当你在管理别人的钱时，这不是与他们建立关系的最佳方式。

我已经被迫采取不同的方法。我说是被迫的，但对我来说，采取不同的方法并不难，因为我不是一个喜欢冲突的人。这里面有很多东西需要解读。让我们试着保持简单，把重点放在重要的部分。很大一部分阻力是社会性的，这意味着我们的行业里充满了不愿承担职业风险的人。行业里有些默认的规则。把别人60%或70%的钱投入股票是完全可以接受的。你不需要证明什么。

我们的行业里充满了不愿承担职业风险的人。

债券也完全被社会所接受。它们可以与股票毫不相关，也可以与之相关。你永远不会因为持有无风险或投资级债券而遇到麻烦。这些资产通行无阻。我可以创造一些看起来与债券几乎相同的资产，但如果它不是债券，在股市上涨的年份，一旦下跌，你就会有麻烦。这纯粹是为他人管理资金而产生的社会和政治压力——你必须克服对偏离基准的恐惧。

你必须克服对偏离基准的恐惧。

不过，同样有趣的是事情如何影响投资组合收益的反直觉本质。投资组合数学是世界上最受误解的事物之一。比方说，我创造了一个高波动性产品，单独来看不是很好，但当你把它添加到一个股票权重高的投资组合中时，它会改变一切。它会创造一个稳定、平衡的复利机器，可以应用到大多数不同的市场环境中。它让你为通货膨胀、通货紧缩、市场崩溃等各种情况做好准备。你会想："嗯，每个人都会想要这种产品。这将会非常棒。"

你在一些开始变得有些流行的尾部风险对冲产品中看到了这种产品，但要想让人们买下它并感到高兴，你还需要一定运气。为什么？因为人们对这种产品的评估不是基于它对投资组合的长期贡献。相反，他们把它划分出来，并单独对其进行评估。这最大限度地放大了我们谈到的社会和政治问题。他们不知道这种评估方式是错的。这种产品就像一道菜中的原料。你不想吃下一口肉桂，因为那滋味不太好。但如果你做菜时加入肉桂，就可以让这道菜变得非常美味。

迈克尔：如果我单独看佛罗里达州斯图尔特市那家有46年业绩记录的小公司，邓恩资本的收益总是相当有意思。你提出了一个明智的观点，即人们不仅忽略了将趋势跟踪策略添加到投资组合中的想法，还想把它作为一个独立产品来判断。但是，从另一个角度来看，如果人们客观地看待数据，就可以找到数据说，作为一个独立产品，它是可行的。

埃里克：这个案例很好。那些聪明人，他们是纯粹主义者，意思是他们相信他们所做的，他们不想掺杂别的东西进去。那些人永远不会做我正在做的事，也就是把管理期货和其他资产类别混合在一起，我尊重这一点。但是，他们也是靠交易来谋生。这些人可能都实现了财务自由。从长期来看，他们已经取得了令人难以置信的成功。我的看法有点不同，可以说，我的工作是满足市场上未被满足的需求。当顾问们对我说"我希望产品的夏普比率为3，没有下跌年份"之类的话——当他们变得通情达理并开始谈论现实的事情时——这并不难。

他们想要的产品需要在疯狂的牛市中不落后于传统投资太多，但在恶劣的市场环境中仍能保持不错的收益。而这其实就是在向我喊话：他们想要的是管理期货与股票的明智结合。他们想要合理的费用，他们想要合理的税费。他们想要的正是我用自己的钱所做的事。这就是我的投资方式。我尊重那些纯粹主义者。我的做法略微不同。大家都有自己的空间。

迈克尔：你已经参与投资20多年，是公司的负责人，还积极参与社会事务。但你本质上还是一个了解系统、数据和代码的人。你已经在野兽的腹中待了很久。你花了多少时间和精力在测试、组合、比较、对比和系统工作的细枝末节里？

埃里克：很长时间。我对系统爱恨交织。我第一次接触到系统设计是在1997年，我当时读大学。我一直是一个研究数据的人。我在转入金融专业之前学习的是气象学和科学。我喜欢动态的、复杂的系统，其中的生存法则是理解意外后果和非线性关系，理解如何从一个生态系统中移除一个物种并使整个生态系统崩溃，以及这如何是反直觉的。对我来说，进入资本市场是很自然的，因为我认为资本市场是一个终极的非线性复杂系统，充满了意想不到的后果和误解。

在大学早期，当我从自然科学专业转到金融专业时，我立即将重心放在数据方面：数据库设计、数据收集、数据清洗和数据建模。那段经历令我羞愧。我设计的第一个机械系统在52周的低点买入，在52周的高点卖出——与趋势跟踪相反——回测结果简直惊人。我自我膨胀了，已经开始盘算购买私人岛屿要花多少钱。我以为自己能大赚一笔。那门课的一部分是将你的机械交易系统运行一个学期，这也是成绩的一部分。而当我运行系统时，它除了赔钱什么也没做。我想："哇，我是地球上最倒霉的人吗？发生了什么事？"但事情就是这样的。当我重新进行回测时，它一直在赚钱。因此，回测告诉我它在赚钱，但在现实生活中，在我的交易账户中，它实际上是在亏钱。对我来说，这不是失败，而是一个学习非常重要的东西的机会。

我花了几天时间去看了全部的账户和交易信号，我意识到这就是人们所说的幸存者偏差。我也称它为后知后觉的错误。在现实生活中，你买的是股票，股票价格可能要归零。这些公司要破产了。一旦它们退市，就会从数据库中消失。这些股票不会再出现在你的回测中。同样，当你做空那些在现实生活中被收购的股票，在它们股价越来越高的时候损失了大量的钱，一旦它们被收购，就会退市，从数据库中消失。因此，在任何时间点，如果你抓起一个数据库，并对其进行大量的回测，你只能看到大约一半的股票，因为另一半的股票已退市，不是破产就是被收购。

好了，破产和收购之间有什么共性？趋势。即将破产的股票的趋势是越来越低，而被收购的股票的趋势往往是越来越高，在历史最高点被收购。除非你知道你在做什么，并且你还做了很多艰苦的工作来收集所有关于公司并购及破产的信息，收集所有关于退市股票的信息，否则你会错过这种数据分散性——你会错过数据库的尾部。这样做成本很高，很耗时，没有人愿意。但如果你想基于历史建模，你必须做这种工作。这是你作为一个系统化交易者必须具备的技能。这样做不会带来满足感，没有人愿意谈论它，而且它肯定不会出现在你的宣传材料中，但如果你想要抓住机会，你就必须这样做。

迈克尔：我联想到了另一面。我记得，也许是在20世纪90年代初，我看到了来自不同交易者的管理期货趋势跟踪数据，它们彼此之间没有关联。对我来说，这似乎不是很复杂，但当时我无法找到其他研究、数据或他人的意见来验证我在这些数据中看到的东西。我看到的现象很有趣。我在那份数据里发现有10个或15个交易者，他们之间没有关联，他们在相同的月份里赚到的和亏的钱都差不多。这与你说的有关，就是当你深入研究你正在看的任何数据集时，那个顿悟的时刻来临了，你说："等等，为什么世界上的其他人从不谈论这个现象？"

埃里克：我不知道它为什么没有得到更多的关注。我在博客上写过这方面的内容，也写过这方面的论文，我似乎得到了很多积极的反馈，但这些反馈都来自那一小群与我兴趣相似的人。从大的方面来说，我认为这太无聊了，并且对大多数投资者来说，这也是很繁重的功课。20年来，我每年都能学到一些重要的新东西。但这相当于全职的工作量，只是我恰好对这些东西感兴趣。

我并不是在埋怨世界上拥有充实生活的其他人。他们在经营公司，经营家庭，购买房地产，他们在做别的事情，不可能挤出足够的时间来钻研数据的内涵，了解这些真理。他们可以听，我试着把它分解成4或5个重要的部分，我在这方面取得了一些成功。但我们不能指望人们等上10年、15年、20年才把一切整合起来，变得像你和我一样对这些概念这么熟悉。

迈克尔：也许，如果我们回头看，我们进入趋势跟踪领域时还太年轻，入场太早了。一个庞大的系统也意味着很大的职业风险，这需要很长的时间来实现，很多人会做一些完全不同的事情来赚钱。让人们购买和持有糟糕的共同基金，可以收很多费用，对吗？

埃里克：这是个强大的对手；这是一个古老而庞大的行业。闯入这个行业并做一些不同的事情，会迫使该生态系统中的每个人稍微改变一下他们的行为。在ETF（交易型开放式指数基金）世界或共同基金世界里推出一种另类投资不太受欢迎。但这也是发展空间之所在。那些领域里有着未被满足的需求。我不觉得在CTA或对冲基金领域有什么未被满足的需求，因为已经有很多好产品了。

你必须想办法去做这个另类的事——但你是对的，对一些人来说你是在捣乱，所以你必须真正地友善，因为你不能支付他们费用。有了信托一类的规则后，支付人们的能力已经消失。因此，现在有很多破坏和变化使灵活、开放和必要时的转向变得非常重要。

迈克尔：让我们聊聊分散投资。假设你正在与听众谈论你公司的规模，他们不是理财顾问，人数也不多，你开始谈论加强分散投资的问题。在场的每个人都有股票和债券，他们以为你在研究基本面之类的东西。

但随后你开始谈论你跨越不同的地理区域交易商品和货币的能力。人们开始想，好吧，等等，这家伙怎么会有那么多技能或知识来交易全球所有不同类型的工具和市场？他是不是有一个秘密的房间，里面全是聪明绝顶的人，可以告诉他公海上的油轮在哪里？他是如何做到的？

埃里克：我过去曾几次遇到这种情况。当人们发现我们正在交易60、70甚至80个不同的全球期货市场时，他们问的第一件事就是："谁在负责交易牛？谁在负责交易大豆？谁在分析玉米行情？"他们认为，你需要对这些事情形成某种基本看法，才能参与其中。我过去曾尝试过用不同的方法来回答这个问题，最成功的方法是再次反转整个对话，向他们展示基于规则的系统化方法的结果——先参与这些不同的市场，然后再从这一点开始倒推。

迈克尔：和听众一起进行反向工程。

你不用找借口解释为什么你没有雇用70名员工管理不同的交易席位，也不用说"你不需要知道基本面就能在这些市场上赚钱"，你只需向他们展示，如果有一个基于规则的流程，并且在不同的市场上平等地应用，会产生什么局面。这令人们大开眼界。

自然，他们对此持怀疑态度，因为他们脑子里想的是："如果你是玉米专家，如果你确实有一个小麦专家，你确实有一个白银专家，效果会不会更好？"对此，我回答说："标准普尔500指数是任何行业或任何单个公司的专家吗？"不是。罗素3000指数呢？不是。这些东西是否击败了几乎所有的主动型基金管理人？是的。为什么会这样？

然后我们展开讨论，他们开始意识到，他们从老式共同基金那里得到的光鲜的营销手册都说，每位特许金融分析师（CFA）都在研究基本面……或许这种做法并没有什么价值。在你走完这两条路后，你会发现一个相当容易接受你的观众群体。类似的情形不像以前那么多了，我想是因为管理期货实际上已经开始成为人们持有的一个资产类别。而10年前，当我开始逐步进入共同基金市场时，人们甚至不知道管理期货是什么。

迈克尔：你说的可以再深化一下。我想引用一句禅语。我在推特上订阅了几个禅语的推送，其中10条里有5条像是专为管理期货趋势跟踪而写的。有一条是："深刻的理解来自完全不理解。"

埃里克：你能详细谈谈吗？这句话对你来说意味着什么？

迈克尔：它恰好指向了基本面分析。基本面一直存在，可以产生数不清的数据集。一旦你承认自己不了解基本面，还剩下什么可以研究？我们还能利用哪些其他方式来看待眼下的情形，并且形成一种高层次的认知？哪些可能是有趣的？哪些可能是有用的？

埃里克：我同意你的说法。但我试图让其他人看到其中的智慧的方法是……

迈克尔：你不想对着他们讲些禅语？

埃里克：不，我很喜欢禅语。我最喜欢的书是《伊索寓言》。我认为大多数寓言都适用于管理期货的趋势跟踪交易。它们很相似，不是吗？

这点很重要。人们很难克服自然倾向，即认为信息越多越好，你必须做研究，你必须了解你投资的东西。你的意思是，我怎样让他们接受这些信息主要是噪声，而且只要你是人类，就可能会错误地使用这些信息，把交易搞砸，或者把投资搞砸。

我倾向于举例子。我很喜欢用体育做类比。我会问人们一个问题："如果西雅图海鹰队对阵亚利桑那红雀队，你觉得谁能获胜？”假设那个赛季西雅图海鹰队的整体表现要远超亚利桑那红雀队，这也是绝大多数赛季的情况。人们会说：“噢，显而易见，西雅图海鹰队会赢。”我会说，“好吧。但如果线位是四分半呢？”然后他们就会需要再想想了。他们会说：“好吧，等等。”

然后他们会怎么做？他们会立刻开始谈论基本面，谈论球员，说某个家伙即将从伤病中恢复，诸如此类。他们会说一堆这类东西，然后我告诉他们：“你们不觉得这些东西都已经体现在线位里了吗？难道你们不认为，制线员、博彩公司、拉斯维加斯、福克斯体育等全体参与者的集体智慧，在设定线位时可能比你做得更好吗？”“如果线位变成了五分半呢？或者如果它变成了七分半呢？”然后他们会说：“好吧，显然有些变化。”我说：“你们不知道这种变化会是什么，但你们相信这条线。你们认为它可能是公平的。”

如此一来，他们开始思考我们所说的贴现机制。当你对贴现机制失去控制时，它并不关心你在基本面分析上做得有多好。它将基本面因素实时地与真实的金钱、真实的生活相结合。而且，除非你能胜过他人的集体智慧，否则你必须克服税收、交易成本、做所有研究产生的开销等问题。除非你比别人出色很多，否则基本面分析帮不了你什么忙。

当我向人们这样解释时，他们会不情愿地说：“这很有道理。我看得出来。”但这仍然在他们的知识体系里留下了一个漏洞。好吧，如果你不能依靠基本面分析，你会怎么做？这个话题更大一点。

迈克尔：拉斯维加斯有些经营体育基金的大体育玩家，他们可能散发着一种光环，让人觉得他们是能读取水晶球的神灵，但在幕后，他们已经将一切都编入程序，这是一个量化系统，与你做的没有太大区别。

埃里克：我给你讲个简短的故事。我是个数据痴人。我曾经可以进入运动赛事的数据库。不过我不赌博。

我下载了许多篮球和棒球赛事的数据，把它们输入数据库，然后建立了一个简单的期货趋势跟踪交易系统，记录这些交易。我用累积概率分布绘制出图表，把两种数据并排放在一张表里。我让人们猜哪个数据代表棒球。我使用的棒球数据包括投手、打击率、上垒率、强力击球率。篮球数据包括篮板球、抢断率之类的。我同时按球员、球队、时间段来绘图。没人能够区分这两种数据。厚尾、特性、动态、趋势……随便你管它叫什么。他们区分不了。我也区分不了。这就是体育竞赛产生尾部、动态和趋势的方式。这是关于人生的事实。

迈克尔：我从来不赌博，所以你比我更有发言权。不过让我感兴趣的是在21点游戏的团队结构中那个“大猩猩”的角色。我为《趋势跟踪》这本书采访过一位麻省理工学院的21点游戏团队负责人，他告诉了我这件事。“大猩猩”角色不参与整场赌局，但负责在团队有赢面的时候下重注。他想让我了解这个过程是如何产生效果的。日后有机会我想试试。

埃里克：赌博、体育博彩和系统化交易之间有很多相似之处，但有一个很大的区别对我来说意味重大：系统化交易是对经济和社会的增值，赌博、体育博彩是寄生吸血。我不是在妄作评判，我是说这种区别对我很重要。期货交易是一种表达意见、设置不对称的赌注，并在商业套期保值者需要的时候为其提供流动资金的方式。而在我看来，这样做的回报从理论上来说就是有权获得可持续的风险溢价。如果他们在交易中输给了你，你就赢了，他们也赢了，因为他们所做的那笔交易与他们资产负债表上的一些风险呈现高度的负相关性，而他们原本正试图摆脱这些风险，这使他们有信心在业务中使用杠杆，或扩大业务之类的。这就是趋势跟踪交易者和套期保值交易者之间的共生互利关系。这就是为什么它随着时间的推移而持续存在，在50年里一直有效。

迈克尔：你不妄作评判，这很好。我可以想到我在拉斯维加斯赌场里度过时间，我吃饭，找找乐子，不赌博，但看到那些人坐在老虎机前虚耗时间和金钱，挺可悲的。我还想到几年前我在弗吉尼亚州里士满的彩票站外对一个年轻人进行的采访，我对他进行了录像。他为政府工作，是个天真的人。他居然直截了

趋势跟踪交易者和套期保值交易者之间存在着一种共生互利关系。

当地告诉我，他玩彩票是因为这是一个有用的退休策略。他是认真的。他认为数学会青睐他，如果他坚持玩彩票，就可以早日退休。

从这个角度看，赌博是阴险的。我知道你相信这一点，你也不想去赌。我对此的态度比较自由。如果人们想玩彩票，没问题。我对美国政府让人们沉迷于彩票这一事实有点不太满意。在我看来，如果人们想按照自己的意愿去拉斯维加斯找乐子，那就完全不同了。

埃里克：我同意你的观点。我不赞成赌博。事实上，早在20世纪90年代末，我还在当教师的时候，就教过商业数学和计算机科学入门。在这两门课上，我教给学生的第一课就是关于赌徒的谬误。那个买彩票的小伙子可能认为，只要一次又一次地下注相同的数字，最终他一定能猜对一次。这是赌徒的谬误。有些方法可以将概念混合在一起，同时以两种方式进行教育。

迈克尔：有很多人，当他们想到投资的时候，想到的是在今年、在当前市场里具有一致性的东西。他们建立这种期望，认为有某些事情将会发生。然而，当你着眼于你业务里的管理期货时，并不知道特定年份里会出现什么结果。你无法预测哪些市场会产生盈利或亏损。你如何向别人解释这一点呢？

埃里克：我有几种不同的方法来解释。我非常坦诚。我喜欢用隐喻或类比来说明观点。我有一个关于风险投资的类比。我会说，我在硅谷住了8年，认识很多人。我对风险投资的运作——至少是回报结构方面——还算有些见识。如果你和那些投资人私下聊天，会发现他们根本不知道自己投资的50家创业公司中哪一家能成功。他们在赌其中的一两家公司会产生百倍收益，而剩余的会亏掉你投资在它们身上的每一分钱。数据显示情况一向如此。极小一部分投资负责贡献全部的利润。对于那几家盈利的公司，你得保持坚定的信念，同时在那些没前途的公司身上妥善控制风险。如果融资方比较诚实，会告诉你公司运作得好不好。

我喜欢用的一个体育类比是美国国家橄榄球联盟（NFL）选秀。有多少次你喜欢的球队在第一轮、第二轮、第三轮选了一个球员，结果却失败了？如果评估一下有史以来的每场NFL选秀，我认为商业价值最高的是第二轮末、第三轮初。

因为第一轮球员要付天价。但考虑到性价比，大多数价值来自第二轮末、第三轮初的挑选。这有点违反直觉，但当你挑选这些球员时，并不知道其中哪一位会变成超级明星，哪一位不会。数据显示，基于指标的随机选择可能比大部分总经理和教练在选秀时的直觉更有效，西雅图海鹰队除外。海鹰队的人已经做了一些事情——他们利用选秀工作撼动了NFL的格局。我不确定那是运气，还是技能。

迈克尔：随机选择会让人们晕头转向。不过你用风险投资、硅谷和运动做类比，就很酷。好吧，风险投资的类比很容易理解。谷歌从无数个搜索引擎中脱颖而出。人们可以明白这一点。他们也能理解选秀的类比，这很有道理。因此，如果你采取这种心态，你说："嘿，外面有很多市场可以交易。如果你把这种想法带到市场里来，会怎么样？"

埃里克：我告诉别人，我们相信自己的过程。这有些类似于风险投资。我们不知道大豆未来的供需是否会被打乱，价格会飙升还是下跌。我们不知道白银会成为大赢家，还是德国债券。我们无法提前知道会发生什么。但我们确实相信我们的流程，我们的流程是在向上突破点买入，在向下突破点卖空，根据投资组合中发生的情况预估交易的风险，如果交易出现亏损就有纪律地削减它，清洗数据，重复过程。不停地重复，一遍又一遍。

绝大多数人都可以理解，然后会想："我想在一段时间内看到它奏效。"然后他们去研究业绩分布，看到你80%的收益来自20%的交易。他们就会说："哇，如果你能提前识别出那20%的交易就好了。"

我会说："是，那可就太好了。但那样我就会坐拥全世界的金钱。所以，显然这不太现实。"我向他们解释标准普尔500指数是一个又庞大又笨拙的趋势跟踪系统。它移动得非常慢，税收效率高、交易成本效率高，但是公司越大，在指数中的权重就越高。如果一家公司开始进入下跌趋势，就会被重新平衡到较低的评级，直到最后被指数剔除。如果你相信股市，即绝大多数人定义为标准普尔500指数或罗素3000指数的股市，你就已经在相信趋势跟踪系统了。

迈克尔：我们来谈谈大局问题。过去的20年中有什么变化？你我的对话都围绕一个点，那就是我们没有水晶球；但是从结构上，美联储采取过哪些行动？政府有哪些行动？是否有新的偏见产生？是否有心理崩溃产生？历史中的此时此刻有什么不一样吗？我们在面临新变化吗？还是说一切仍是老样子，你将自己放在一个不论是新机遇还是黑天鹅出现都能获利的位置上？

埃里克：我很希望自己可以说："噢，没什么变化。我们将继续做我们正在做的事。"但这是假的。相对于我们在现代历史中见识过的任何情形，目前的利率水平将会改变游戏规则。最近我为客户做了一个项目。我用蒙特卡罗法模拟了未来利率几乎所有可能的走势，然后展示了每种可能性之下各种债券对应的收益。这个想法是为了解释各种不同的排列组合，因为人们可以直接看到利率飙升，或利率为负，或利率横盘，以及介于中间的一切情况。但他们不知道的是我的债券投资组合的收益可能会是多少。美国与世界上的很多资金都投资了这些债券。绝大多数传统投资组合的风险管理都配置了30%、40%或50%的债券。

查看模拟的结果很有意思，因为结果非常糟糕。按照预测的走势，没几只债券的收益是正的。原因也很显而易见。我认为现在的债券收益率可能是美国10年期国债的70个基点。假设这个数值可以代表整个债券市场。从历史的角度而言，债券投资的几乎所有回报都来自收益率。资本性收益有时看起来很有意义，但从长远来看，它的平均值约为零。事实上，你可以将当前收益率作为一项相当准确的预测，测算如果你持有10年期债券并且会滚动投资，能得到多少年化复利回报。

然后，如果你把通常为1%的理财咨询费考虑在内，你的债券预期回报率就会变成一个相当大的负值。然后，如果你考虑通货膨胀率，即使你只按历史利率的一半算——或许只有1.5%，你会看到-3%到-5%的年化收益率。这是全部的蒙特卡罗法模拟的中位数结果。然后我决定分离出真正赚钱的排列组合。结果只有不到3%的排列组合能让投资者在未来10年里获得实际正收益率，假设他们的标的是包括国债在内的投资级债券。这意义重大。我无法在历史中找到类似的现实。就像我说的，债券市场里的资金太多了。

人们现在应该比以往任何时候都更热衷于管理期货。

还有另一件事。人们已经习惯将债券视为一种有效的对冲手段。每当股市不是无缘无故地下跌时，他们就期望自己的无风险政府债券会反弹上涨。我们开始看到这种现象衰退了。这种情形随着时间的推移越来越少了。大多数人还太年轻，没意识到20世纪90年代之前债券和股票是正相关的，而不是负相关的。债券算是正当的对冲手段，但不是绝妙的对冲手段。而且我也开始看到债券和股票的相关性正在一点点上升。每个季度都会变高一点。你把这两件事结合在一起，一场史诗般的灾难就有了燃料，人们将得到远远超出他们所期望的结果，我仿佛预见到地平线上的烟火。

这正是我工作动机的一部分，因为如果你不能相信债券，还有什么能有效地分散股票投资？选择面很窄。有些人可以为投资黄金找到理由，并且黄金作为一种分散化投资工具相当有效，但并不总是如此。有时黄金与股票一同下跌。分红类投资（MLPs）在某种程度上与股票无关，但并不是最好的分散化投资，至少在恶劣的市场条件下不是。从我的角度而言，管理期货基金一直是最好的分散化投资品种，过去50年里比债券的效果更好。而且我不认为管理期货会像现在的债券那样受到约束。我想说的是，人们现在应该比以往任何时候都更热衷于管理期货，因为它确实有可能解决股债相关性这一可怕的、但似乎没有人认真对待的问题。

迈克尔：这让我想起在1997年和1998年间，我和我的注册会计师交流怎样让我的第一份事业运转起来。我那时很年轻，资产也不多。他说："迈克尔，这真的很简单。在银行里以6%的利息存入200万美元，你就万事大吉了。"那是1998年的逻辑。而我们现在是在2020年，他的建议就像某种"绿野仙踪"式的幻想，甚至是不可想象的。

你提出的另一个问题是，随着人们年龄的增长，他们不再持有一些看起来很简单的东西，比如持有每月让银行账户有进账的债券来付房租。现在已经没有这等好事了。可以这么说，如今你必须选择追求一些风险更高的投资，否则你就没饭吃。正如你用蒙特卡罗法所显示的那样，债券投资已经是过去式了。

埃里克：对，已经是过去式了。但是，你想按部就班地向人们解释这一点仍然艰难万分。就像我之前说的，我倾向于颠倒顺序，所以我没有谈论管理期货和它所解决的问题，而是从不同的角度出发，谈论全天候投资和我喜欢它的原因。我喜欢有所准备。我喜欢稳定但不平衡的事物。稳定和平衡的区别很大。稳定就是在事物变化时保持平衡的能力。平衡是一种当前的状态。一个单手倒立的人在当前是平衡的。他稳定吗？未必。当你谈到全天候投资时，你指的是在投资组合中，除了股票和债券外还有货币和商品，因为这就是管理期货的内容。这是4个不同资产类别的持续大趋势。

在货币和商品这两个大的、有深度的、流动性强的资本市场上，你可以将这些风险溢价作为来源。货币有大的趋势，并且已经存在了50年。大宗商品是另一个对称的市场，做空可以赚钱，做多也可以赚钱，当然也可能亏钱。但我认为大宗商品属于投资组合，它没有理由不能成为一个优秀的分散投资品种。

你从这种全天候方法开始讲起，然后谈到为什么你用自己的钱来做，并展示历史上的情况。一个很好的例证是，有一些成功的公司遵循的就是全天候方法。普通投资者也可以采用全天候方法。你不必把一切投资都塞入股票和债券。现在，绝大多数人还是会这么做，我对此没有意见。但还有其他选择。

迈克尔：我要恭喜你创办了一家新公司。还要恭喜你请到汤姆·巴索作为董事会主席，他是我在《趋势跟踪》一书中最喜欢的受访者之一。

埃里克：我与汤姆相识20多年了。他是个了不起的家伙，运营着一只很棒的CTA。他清楚自己在做什么，并且他对我的公司有很大的助益。过去20年里我从他那里学到了很多东西。

我不知道我有没有告诉过你，1999年我曾去他的公司求职。他向我发了拒信，他当时的总裁也向我发了拒信。他们在拒信上花了很多功夫。拒信的内容很长，很连贯，里面讲了建立交易系统要避免的因素，要专注于进场、指标等。他们对我投入了时间、精力，这是我遭受过的拒绝里最有意义的一次。我将信中的内容铭记于心，从他俩身上学到了很多。当我前往亚利桑那州，最终见到汤姆时，他已经不记得这件事了。所以，我对他能加入我的团队感到非常高兴。他很老练，经验比我丰富，从事交易已有很长时间了。20世纪80年代时他管理着一家大型CTA基金，我一直在从他身上汲取经验和知识。

迈克尔：他经得起时间的考验。他似乎在社交媒体上找到了人生的第二春，因为有那么多人对他感兴趣，想获得他的见解。你们能有机会合作并成立新公司真是太棒了。

埃里克：这家伙不会变老——他看着像40来岁。他很活跃，常常打高尔夫球，环游世界。他的生活方式特别棒。我希望有朝一日，我的生活也能像他的一样。

迈克尔：有什么和你非常亲近的人或事是我们没有谈到的吗？也许与公司没有直接关系，但能够打动你？

埃里克：我一直在想的一件事是有这么多好东西就在显而易见的地方。随着社交媒体、焦虑、疫情、失业、社会保障、政治等问题的出现，我觉得人们比过去更容易忽视那些就在眼前的好东西。

我希望这只是我们生命中的一段插曲，我们可以超越它。我们能做的就是尽最大能力打好手里的这副牌，并抓住趋势进行交易。我们必须向前迈进，应对不确定性。我是一个有点愤世嫉俗的人，但无论我是与自由派人士还是保守派人士交谈，都能获得不少有价值的东西，而且它们就出现在众目睽睽之下。看到我们的现状已经恶化到这种程度会让人感到略微沮丧，我希望这段时期会过去。这与你我的工作有一些相似之处。

迈克尔：有位天使投资人你或许很熟悉——纳瓦尔 · 拉威康特（Naval Ravikant）。不久前我看到他发在推特上的一句话："媒体的目的是让所有的问题变成你个人的问题。"这与你刚才讲的很接近。你的意思是，别看了，都是洗脑宣传。然后你开始研究周遭的事物，自己进行调查，创造自己的艺术。你能为自己的人生找到许多有趣的事，比那些天天丢给你的、预制好的“燕麦”有趣得多。

埃里克：信息不等于智慧。有些信息没有用。在我看来，社交媒体在很大程度上就是心灵的垃圾食品。现在，有些人把它用在好的方面，但它也会把人糟糕的一面展现出来。

迈克尔：我把社交媒体当作博客来用，不太在意别人怎么说。我可能会时不时看看评论。如果它们有用，我就能学到些东西。不过总的来说，它就是我的公开日记。我会把任何自己感兴趣的东西写上去，这就是作家的工作。但是很多人不把社交媒体当作分享信息或洞察的方式，而是将其看作某种疯狂情绪在来回传递的地方。这就是它的危险之处。

信息不等于智慧。有些信息没有用。

埃里克：我将社交媒体比作在高速路上开车。路上总有几个浑蛋。绝大多数人要么开车回家，要么开车上班。但一路开车会让人越来越焦虑，暴露出最糟糕的一面，只要有几个这样的人，就能把大家都毁掉。我们要对此保持警惕。

CHAPTER 8

第8章

唐纳德·维佐雷克

打鸡血式的趋势跟踪交易

唐纳德·维佐雷克（Donald Wieczorek）是紫色山谷资本（Purple Valley Capital, Inc）的创始人和董事长。他的金融职业生涯始于摩根大通，在威廉姆斯学院读本科期间，他在摩根大通的股权资本市场部担任过暑期分析师。2008年毕业后，唐纳德正式创办紫色山谷资本，用他的系统化风险管理策略为客户提供专业资金管理。唐纳德负责紫色山谷资本的交易策略实施及客户服务，并为公司制定战略导向。

迈克尔的话

唐纳德·维佐雷克在趋势跟踪交易领域或许不算出名，但他敢冒风险。他的业绩记录绝对可与20世纪70年代及80年代的那些辉煌业绩比肩，不比令比尔·邓恩、约翰·W. 亨利和理查德·丹尼斯名声大噪的那种业绩记录逊色。唐纳德于2019—2022年在趋势跟踪领域所做的一切就好像打了鸡血的贝比·鲁斯（Babe Ruth）[①]。

迈克尔：我回顾了2014年我们首次谈话以来你的业绩记录。你那年的业绩很辉煌——87%的收益率，对吗？但是在2014年之后，你经历过一次深度回撤。我

① 美国职业棒球运动员。

一直在想：唐纳德在竭尽全力，同时冒着极大的风险。他完全坚守住了自己的系统。高风险，高回报。他强硬地坚持下来了。然后，2020年到来，唐氏列车驶来，后发先至。

唐纳德·维佐雷克（以下简称“唐纳德”）：那几年的确很狂野。2014年我们最后一次谈话时，我刚经历了很不错的几年，趋势很多，许多期货市场的动向很好，随后我就一脚踏进2015—2019年长达5年的回撤。基金净值从2014年的最高点下跌了70%。

局面非常艰难。市场上没有趋势。通货膨胀并不多，也没有通货紧缩，没有经济增长，也没有大规模的衰退，没有多少大型趋势的催化剂。

迈克尔：我们退回一步说。和大部分传统的趋势跟踪交易者相比，你的玩法从风险和收益水平上而言都更高一层？

唐纳德：我采取的是激进的、强有力的老式趋势跟踪策略。

迈克尔：让我来说说你的策略有多激进和强有力。唐纳德2020年的业绩——此处应有掌声——达到193%。精确地说是193.2%。虽然你管理的不是10亿美元级别的基金，但这也是一个了不起的数字。而早在20世纪70年代，就有很多人正是靠这种超凡的业绩初出茅庐。

进入2020年1月，那时新冠疫情已经开始冲击亚洲了。然后突然之间，市场遭受重创。在其他人反应过来之前，你2月的业绩上升了17%。早在2020年3月，即美国的其他人丧失理智之前，你在2月时就已经知道市场有些情况了。你能描述一下当时的情形吗？这几乎就像鸟群可以提前感知到地震，早早起飞一样，趋势跟踪策略可以早早嗅到一些东西。

唐纳德：对。市场有点像矿井中的金丝雀。趋势跟踪交易信号让我在市场开始出现趋势时建立头寸，远远早于大众认识到大规模趋势正在酝酿。2月，股票市场开始小幅波动，债券市场开始上涨，市场上有一些压力，大多数人看到之后会认为：“哦，普通的市场修正，没什么大不了的。让我们趁跌买入。之前的趋势还会继续。”而我的策略则抓住了这些入场机会，比如做空原油。许多市场开始反转趋势，我们刚好在这些市场里开始建立初始头寸，2月的表现很不错。3月就是一切发生的时间。股市开始崩溃，在美国，商业逐渐沉寂。

迈克尔： 2020年3月是你盈利最多的一个月？

唐纳德： 没错。

迈克尔： 你的收益率是56.5%。这数字真让人开心。

唐纳德： 经历了5年的回撤以后，这让我欣喜若狂。在那之前的四五个月，我还对其他趋势跟踪交易者说："我不知道下一个趋势何时才来。"整整5年没有趋势，我不知道趋势将在哪里产生。我也不知道趋势将在何时产生。5年的回撤期，意味着有2000个早晨我醒来对自己说："我们还在亏损。我不知道下一个好环境何时才来。"

迈克尔： 不过，当你说回撤的时候，我想说清楚，因为我已经看到了一些其他的业绩记录，你目前正处于业绩巅峰，可以说——你坐在车里，还开得飞快。

唐纳德： 对的。但有风险控制。

迈克尔： 当然了。你又不是一个江湖赌徒。你选择了这个游戏，从一开始就知道你的风险控制手段，你以本行业里的一些厉害人物为榜样。当我们谈话时，我写下了一个数字，我在想，好吧，邓恩资本就在离你不远的佛罗里达州斯图尔特，它们的收益率最大是多少——67%？

唐纳德： 是的。他们也经历过一个类似的、长达四五年的回撤——这会在趋势跟踪交易中发生，并且我也很激进。这就像开跑车，不过我的时速只有二三十公里。在绝大多数时间里，我持有的70%—80%都是现金，只有20%—30%的头寸用来交易。这也显示出期货交易的火力有多么强大，不幸的是，为什么有那么多人爆仓，连一年都坚持不了。

迈克尔： 自从我们上次谈话以来，你管理的资产并没有发生很大的变化。你仍然在为朋友和家人做交易，也许有一些专业人员加入了。既然你已经成功度过了2020年，人们是否开始对你另眼相看了？

我只用20%—30%的头寸交易。

唐纳德：我现在管理着七八百万美元，相对于我在大学毕业后的少量启动资金，这已经很不错了。

迈克尔：当时是10万美元？

唐纳德：是的。我现在可以以此为生了。

迈克尔：我提起管理资产规模不是为了打击，只是想正确地看待问题。绝大多数人永远也达不到大卫·哈丁那个规模。人们会想成为你，因为你可以做自己的事。我想你可以常与家人在一起，不用开车去办公室打卡。

唐纳德：是的。我记得有次人们问起艾迪·塞柯塔如何成为趋势跟踪交易者，如何管理一家大型基金，他说："拿一张白纸，写下你想要什么。要对自己诚实，因为你真的有可能达成愿望。"我就是这样的。我从一开始就很诚实，所以我为我的朋友、家人和其他愿意相信我并支持我的人管理基金或交易策略。但我对大型机构投资者的兴趣有限，他们的工作性质决定了他们无法投资我这种会出现数年回撤的策略。但这也正是为什么我还在交易，还没有像很多基金一样关门大吉。

迈克尔：你没有拿错误的钱，那种一出事就会消失的钱。

唐纳德：是的。你提到了大卫·哈丁——几年前他说，当你有很多机构投资者的时候，趋势跟踪交易是很难做的。很多人不得不改变他们的策略，站出来说："趋势跟踪已死。我们觉得趋势不会回来。我们需要改变一些东西，增加更多的股票，摆脱趋势跟踪策略。"有很多经理人不得不这样做，因为他们有来自大型机构投资者的压力。我很幸运，我管理的资产没有发生很大的变化。我在努力存活下去。

迈克尔：你成功了。你活下来了。所以我们才有本次谈话，这是个好故事。你跨过了那道坎。

唐纳德：但很艰难。

迈克尔：在此期间你做了些什么？和什么人交流？你是否得到了什么指点，还是就在杰克逊维尔市专心做你擅长的事？

唐纳德：我大量阅读。我会去读你的书，去浏览艾迪·塞柯塔的"交易部落”网站。我去研究其他的成功趋势跟踪交易者都怎么做，如何度过回撤期。我提醒自己下跌会发生，没必要去改变什么。这正是艰难之处。这与打高尔夫球不同——如果你输掉了一些淘汰赛，苦苦挣扎，那你应该开始尝试适时做些改变，努力变得更好，因为你的目标是每个周末都能赢得淘汰赛，并尝试赢得巡回赛。但在趋势跟踪交易中你不能这么做。你得与渴望改变的心态做斗争。从定义上而言，我本就应该经历回撤，本就应该历经艰难。我不应该改变任何东西。

我本就应该经历回撤。

在与我的投资者和客户交谈和分享时，我不断提醒自己的主要内容是：是的，我们正处于艰难的阶段。我能理解为什么市场上就是没有趋势。我想要的就是撑过艰难时期，看看我在一个好的环境中表现如何，因为如果我在一个好的环境中表现不好，那么我就会开始重新思考问题。

迈克尔：美国联邦储备局一直在谈论“直升机撒钱[①]”，我们正在观察这种情况。这已不再是直升机撒钱，而是一队波音747在撒钱。印钞机就停在半空，向下撒钱。现代货币理论家们实际上认为一切问题都会在货币的大水漫灌中得到解决。但我认为是这么回事：如果美国本质上的意思是“我们要做任何我们想做的事，我们要在美国陷入困境时随时让美元贬值，而世界上的其他国家则要忍着”，那么到头来这一策略可能不会奏效。如果这一切真的发生了，那么基于你在2020年的业绩表现，你有可能成为第一位业绩超过1000%的趋势跟踪交易者。

唐纳德：如果我今天试图为未来5—10年创建任何一种投资策略，我会创建一个趋势跟踪商品期货策略。我确实认为在未来5—10年里这类策略很有前景，因为它几乎就像泡沫经济学。几乎每个地方都会出现大规模的价格运动和趋势。我们现在看到这已在很多领域表现出来，比如游戏驿站的股票等。美联储通过保持如此低的利率，激励人们去争取收益。

---

① 一项极端货币政策，指国家中央银行以税收返还或者其他名义直接发货币给家庭或消费者，刺激消费，降低失业率，克服通货紧缩。

迈克尔：毫无疑问，这是个大好的收益机会。有人已尝到了甜头。比起坐在那里祈祷半个百分点收益率的“婴儿潮”一代，在波动和收益中成长起来的年轻一代更容易接受你的业绩记录和表现。

唐纳德：我同意。我的绝大多数投资者都比较年轻，风险承受力更高。而且我总是把我的策略作为一个分散化投资工具来宣传——如果人们已经有了股票和债券，它应该成为投资组合中的一小部分。波动率不会困扰我。我认为波动与风险不同，风险是指你会亏钱的概率，而波动是指围绕预期收益的方差。对于波动率，我需要它升得更高，就像一部电梯需要上上下下来抵达更高的楼层，而风险是指这部电梯质量如何，电缆的强度够不够，它坠落和断裂的风险是什么？如果电梯质量精良，波动率不会困扰我。

迈克尔：如果我没有看错你的统计数据——从2008年成立公司到2021年2月底，你的累计收益率是592%，而标准普尔500指数的累计收益率是291%。你在近10年的周期里几乎达到了两倍于标准普尔500指数的收益率，为什么人们只愿意对你投资一点点呢？我觉得每个人受到的训练都是：“好吧，如果你的投资组合的份额是100%，那么给我5%就够了。”但真实情况是，如果我没有看错你的数字，在过去的10年里，有人投资你会比投资标准普尔500指数赚得多，这么说合理吗？

唐纳德：是的。但我想，我可能会让他们得胃溃疡。

迈克尔：2008年标准普尔500指数也经历了大崩盘，但在过去10年里没有出现大幅回撤。我们的时间不多了。当下一次标准普尔500指数最终出现50%回撤的时候，你的业绩看起来会如何？我们不是在做预测，但是你我都知道，通常股市感冒——下跌50%、60%或70%的时候——趋势跟踪交易者会怎么样。

唐纳德：是的。许多新趋势会产生，趋势跟踪交易者可以创造“危机阿尔法”。从历史的角度来看，我们有能力这样做。

迈克尔：我们继续假设一下。你的累计收益率是600%，而标准普尔500指数的累计收益率是300%。如果标准普尔500指数下跌了50%，而你的基金净值又上升了100%，你还会对别人说你只拿了一小部分钱吗？

唐纳德：你将两者混合，这正是美妙之处。你会得到一个更好的东西。就如我说的胃溃疡问题。尽管现在我的业绩这么好，回顾当初，还是有投资人在净值底部退出，说："我实在受不了了。"

迈克尔：你还在和那些从净值底部退出的人做朋友或保持联系吗？

唐纳德：还在联系。他们会时不时地问问我的状况。他们都是好兄弟，这纯属偏好问题。他们会收到月度报告，然后说："哇，看你反弹了，真棒。"

迈克尔：哪怕他们已经在底部退出了？

唐纳德：是的。这是一个痛苦阈值问题。就是这样。回撤比我想象的要糟糕得多。

迈克尔：他们有没有对你说过任何迫切的话，比如他们现在看着你的系统运转了几乎整整10年的周期是什么感觉？

唐纳德：有趣的是他们现在会说："现在再投资是不是太晚？"他们是不是错过机会了？再次投资可能太晚了？

迈克尔：在你2年内获得超过200%的回报后。

唐纳德：这让我认识到我需要坚持下去。我看到了策略为何起效。了解市场上存在的心理因素是让我在长达四五年的回撤中坚持下来的动力。所以策略会再次成功，还会再出现趋势，因为市场中的心理因素会永远存在。相同内容的书很多年前就有人写了，比如《股票作手回忆录》(*Reminiscences of a Stock Operator*)，里面的全部真理至今仍然适用。

在回撤最深的时候，我不断重申的是趋势会再次出现。坦白说，收获最大的客户是那些几乎把我忘光的客户。他们在基金的初创期投资，然后就忘了这件事，时不时问一句，仅此而已。

迈克尔：在底部离你而去的客户现在都很沮丧，不是吗？

唐纳德：这很难。我可以给人们发电子邮件，试图让他们来投资我，但谁愿意把钱投给那些看起来几乎是在毁灭边缘徘徊的人？

迈克尔：我们刚刚为紫色山谷资本改了名，新名字叫作“徘徊在毁灭边缘”。

唐纳德：一些趋势跟踪界的名人在说：“趋势可能已经结束了。这是一个新时代。美联储不会允许趋势产生。”

迈克尔：我很肯定，一些人看了你的业绩记录后会说“我想加入”，但他们并不适合。他们只看过最近两年的记录，所以不会明白你的策略。你如何筛选合适的投资者呢？因为从本质上来说，你必须对个人心理素质进行筛选。

唐纳德：我尝试解释并设定期望。当人们抱有错误的期望时，我就有麻烦了。他们会认为这样的表现将永远持续下去，我每年都能赚钱。我设定的期望是：不，我们会遇到回撤，而且是很深的回撤。我很激进，并且你至少要投资这种策略5年以上，才能使其发挥回报潜力。让他们理解这些回撤非常难。他们不能像你和我现在这样回顾记录，说：“哦，是的，三四年而已。没有什么大不了的。看，他已经摆脱困境了。”亲身经历回撤与事后复盘是两回事。

趋势跟踪交易是有些反主流、反华尔街意味的。我们不做预测，不读新闻。我们不做任何花里胡哨的事。对于趋势跟踪交易的客户而言，这种心态很好。这种心态和趋势跟踪交易能够很好地融合在一起。

迈克尔：你可以向我感叹，你可以说这是一个深度回撤之类的话，但是当你看一下业绩记录，一切都很清楚。风险和回报在纸上一清二楚。很多人都会说：“嗯，真糟糕，如果我在过去10年里投资了那个家伙就好了，他比标准普尔500指数的表现要好两倍。”

唐纳德：我对自己扛过来了感到很骄傲。那是我的第3次回撤，我已经有四五次不错的上涨。我很自豪，没有人能够从我身上夺走这一切。我可以一直回顾这些数字。这些数字经过审计，确凿无疑，并且代表着真金白银的回报。

迈克尔：现在你已经走到了深渊的边缘，是否觉得有点无敌了？

唐纳德：我会告诉你我现在比刚开始交易时自信多了。

迈克尔：据我所知，世界上没有任何其他趋势跟踪交易记录像你的一样大起大落。你的业绩记录和20世纪70年代起步的那些传奇交易者的业绩记录看起来一模一样。我一直告诉别人，要去看看趋势跟踪交易者的往日记录，可以学到很多东西。

唐纳德：这正是让我兴奋的东西，也是我试图创造的东西。我读了很多关于这些交易者的资料，鉴于20世纪70年代的环境很好，我试图创建一个能有类似表现的策略。我觉得我们可能正处于另一个通货膨胀环境的边缘，与那时类似。所以我对接下来的5—10年感到极为兴奋。我可以很骄傲地看着自己的策略说，当然，我们遭遇了一些严重的回撤，但如果没有趋势，这也是意料之中的。

迈克尔：我得请你别再谈论回撤了。2020年你的回报率是193%。截至2021年2月末，你当年的回报率是44%，而你还在谈论回撤?

唐纳德：在遭遇回撤时，我静观其变。好的时光自然会到来。这是我想说的关于回撤的最后一件事。那是投资最艰难的部分。你需要毅力、心智能力和纪律。好的趋势环境，比如现在的环境，是简单的部分。

好的趋势环境是简单的部分。

迈克尔：你说我们已经站在一个类似于20世纪70年代通货膨胀环境的悬崖边缘。如果有人了解外面的经济情况的话，会明白你说的有道理。然而，我想让你澄清一下，你的意见并没有体现在我们一直在谈论的业绩里——也就是说，你有独立的意见，但它并不在你交易系统的齿轮和杠杆里。

唐纳德：没错。我对特定的市场有许多意见，但和我试图捕捉的趋势完全无关。我做趋势跟踪交易时不会考虑个人观点。和别人讨论观点的确很有趣。但是当我年纪渐长，经验增加后，我读的书越来越少，观点也越来越少，我只想为他人捕捉趋势。

迈克尔：说说你最喜欢的3个启发过或影响过你的传奇人物。

唐纳德：首先以及首要的是艾迪 · 塞柯塔，他在20世纪70年代的交易很激进，我想他的业绩记录差不多是在10年里平均每年100%的回报率。他是个极富智慧的投资者，到现在都在网站上回答问题。每次上他的网站，我都能学到点东西。

接下来是他的门徒之一，大卫·德鲁斯（David Drews）。他是夏威夷的一位趋势跟踪交易者，以前曾是位急诊科医生。

迈克尔：你见过他们两位吗？

唐纳德：许多年前，我与他们两位通过电话。我还记得大卫·德鲁斯打给我的情形。我当时在东海岸时间，他在晚上11点从夏威夷给我打电话，我从床上跳了起来。我妻子问："你为什么从床上跳起来？"我说："哦，德鲁斯医生正在打给我，他实际上是在回我的电话。"我给他发过电子邮件。那时我还是交易新手。我尝试学习其他交易者的智慧。之后我就很少那样学习了。我们各显身手，各自建立并坚持自己的策略。我每隔一段时间就会给他们发电子邮件，说你们好吗，很高兴看到大家还在交易，祝贺你们有一个好年景，诸如此类的事情。但我现在不再吸收那么多想法了。更重要的是坚持自己的系统。

迈克尔：你好像说第3位是比尔·邓恩。

唐纳德：正是，因为他运行的是一个周期稍长的策略，我相信他使用了移动平均线，回撤也很深。他的策略很激进，资产规模也更大。我认为他的营销与业务开发工作做得很不错。这是他的基金令我崇拜的地方。

趋势跟踪是一种试图捕捉大趋势的策略。

第4位我会选择萨勒姆·亚伯拉罕（Salem Abraham）。当我刚开始交易时，他对我意义重大。我尝试过阅读并学习他的基金和策略。我认为他是一个向股票转型的例子，因为他做趋势跟踪的效果不是很好，现在他把更多的股票混合进来。股市有些价格运动。大卫·哈丁也有些偏离趋势跟踪策略的举动。

迈克尔：而且他们训练那些趋势跟踪交易者感叹一切都很糟糕。有些人可能在听的时候会想，那个叫唐纳德的家伙，他听起来对自己的一些表现不满意。大事不妙。他的处境很艰难。

唐纳德：我想让监管我的那些人开心。我必须保持平衡。

迈克尔：我就不在那些人的管辖范围内。

唐纳德：嗯，我明白。过去的业绩不代表未来的表现。别误会我。我对于接下来的5—10年可是再兴奋不过。就像你说的，我觉得美联储到处撒钱的做法只有两种下场：债务危机或者大规模通货膨胀。从政治角度而言，通货膨胀更容易被接受。

迈克尔：查看紫色山谷资本的业绩记录是一堂很好的教育课，特别是对刚起步的交易员来说。因为如果人们真的能弄清楚你做了什么，就能学到一些东西。这需要一点时间，但如果有人说，“天哪，我想对那个叫唐纳德的人进行逆向工程”，那将是一个值得做的功课，不是吗？

唐纳德：当然。从你那本关于海龟交易员的书（《海龟交易特训班》）入手就挺好。这就是我当年一开始学习的东西，我试图开发一个跨期货的长期趋势跟踪策略。很多趋势跟踪交易者的表现将出现相关性；表现实质上是我们的退出点和我们的长线程度的函数。行情好的时候我们都在跟踪同样的趋势。有动向的东西都一样：谷物在动，每个人都在做空债券。和邓恩资本相比，我更倾向于做中线交易。我也更激进。每笔交易我愿意冒1%的风险。

迈克尔：你是否会对谈论某些事情感到担忧？即使是那些真实的东西。你的业绩记录是事实，在政府那里是有记录的，但有时政府不希望你谈论它。你是否接受过训练，当你与我这样的人交谈时，会有一些担心？

唐纳德：有一点，但这些年我已经习惯了。从商业的角度来看，这确实让我的募资变得困难。我还得考虑我可以在网上发布什么，或者我可以说什么，或者在这方面我可以做什么。这对我影响不大，因为反正我也不爱搞募资。我不擅长营销，不擅长商务。我喜欢数学，喜欢交易，喜欢创造业绩记录。我让业绩为我代言。当我谈论业绩时，必须得小心，尽管我喜欢谈论业绩，因为这很有意思。趋势跟踪交易是一种试图捕捉趋势的非凡过程。我喜欢跟踪商品期货的趋势，因为这可以使我广泛地进入各种市场。

我喜欢数学，喜欢交易，喜欢创造业绩记录。

我还是个小孩子的时候，就总是想参与

任何正在移动的东西、任何热门的东西、任何正在创造新高或新低的东西。从定义上而言，我们做趋势跟踪就是在参与这些东西。如果你今天拿起报纸，看到一些东西创下新高或新低，你可以放心，我的策略早已就位。我认为这很巧妙。

迈克尔：让我给读者做个快速介绍。这份持仓清单可能是30日之前的，或者是你最近一次披露后的，但能给人们一个概念：做多澳元，做多英镑，做多玉米，做多棉花，做多原油，做多取暖油，做多活牛，做多纳斯达克指数，做多新西兰元，做多日经指数，做多天然气，做多标准普尔500指数，做多大豆，做多豆油，做多糖，做空债券，做空欧元，做空钯金，做空美元。这让人们对你的策略、你可以进入的市场类型以及多空组合有些了解。

唐纳德：是的。在目前的一些环境里，做多的人比做空的多。但假如回到遭受新冠疫情冲击的2020年3月，你可以反转上面的交易。人们做空许多资产，但做多美元和债券。市场群体非常多样化。我喜欢这种情形。在任何特定的时间点，通常都有一些东西在产生动向。目前就有很多。这也是为什么你能够忍受现在这种年景。

迈克尔：你在我刚才列举的所有市场里一直都是做多或做空吗？

唐纳德：不，我关注着40—50个商品期货市场。任何时候，我都在10—20个市场上交易。你列出的那些市场是我在2021年2月底时参与的。我做过一些调整，但只在有价格运动的市场交易，通常是我监测的市场的三分之一到一半。并不是所有市场都在同一时间产生趋势的，我不参与没有价格运动的市场。有些人喜欢在每个市场中做多或做空。这会削弱他们回报的波动率。我喜欢有大幅动向的市场。

迈克尔：我刚才提到了一件事，即当你的客户在底部退出，然后又近距离看到一切的时候，他们的感觉如何。可以肯定的是，至少有少数人全程参与了你的投资周期。他们一定觉得你是个摇滚明星。

唐纳德：他们很喜欢（我的投资策略）。而且他们中的很多人都是我的朋友，所以他们更多的是为我感到骄傲，因为我没有放弃，或者说他们很高兴能成为其中的一员。他们也喜欢这个故事。他们喜欢有机会进入市场，喜欢我们涨了很多。

这本身几乎就相当于在我自己的客户群里进行趋势跟踪。现在留给我的是一批优秀的、成功的客户。那些认为我不合适的客户都把自己淘汰出去了。看人们何时退出投资也很有趣。有一些人在底部退出，另一些人一旦恢复到盈亏平衡就退出。然后现在还有一些人已经抓住了很多平衡点后的上升空间。这类似于市场通常的运作方式，也很接近于为什么人们会持续亏损，为什么会盈利，以及我是如何从一开始就创建趋势跟踪策略的。

迈克尔：你筛选客户的过程是否像你在这次谈话中所做的那样？你会谈论回撤以及回撤有多么痛苦吗？你会在5年间睡不着，没心情洗澡，吃不下饭，减重44斤——你会告诉新客户这些事吗？

唐纳德：是的。如果他们还愿意继续谈下去，就已经度过了痛苦的阶段。

迈克尔：你是真的想吓跑客户？这种评估公平吗？

唐纳德：这是必经之路。我从未从吓跑客户的角度去考虑这件事，但你也没错。我在尽量做到坦诚。

迈克尔：“别成为我的客户，因为你可能在未来10年里有机会取得两倍于标准普尔500指数的收益，就像我在上个10年里做到的那样。别成为我的客户。”让我们给你的业务想句宣传语吧，“我可能再次以双倍收益率打败标准普尔500指数。别成为我的客户”。

唐纳德：如果你有耐心和纪律，就有潜在的盈利机会。这对我自己来说更容易，因为策略是我创造的，我每天都可以看到它怎么运行。我不会为客户感到难过，但让他们对一个不是自己创造的、每天又看不见的东西保持坚定的确很困难。他们对趋势跟踪策略的了解可能不如你我。

如果你有耐心和纪律，就有潜在的盈利机会。

迈克尔：你的业绩记录很有潜在的教育价值，值得研究。有意思的是你经历了回撤和一个10年的完整周期。在同一时期内，标准普尔500指数没有经受冲击。尽管有回撤，你还是跑赢了标准普尔500指数，而且该指数还在美国历史最高位运行。如果你看看标准普尔500指数大崩盘时的情况，会发现趋势跟踪策略表现得特别好，因为其他市场都开始震荡。如果标准普尔500指数被允许着陆，那么你在过去几年里的趋势跟踪工作可能只是一个开始。再一次地，我们是在进行理论推测而已。谁知道呢——美联储可能永远会将标准普尔500指数维持在高位，将美元贬值到一文不值，以此来匹配利率。

唐纳德：我觉得你说到点子上了。这就是为什么我对下一个5—10年感到这么兴奋，因为我们可能会面临一个股票和债券都遭受重创的环境。别忘了，自20世纪70年代利率如此之高以来，债券一直处于牛市，然后又下跌了30年。

迈克尔：或许"婴儿潮"一代变老时会说："你知道吗？我们已经彻底厌倦了股市大赌场。我们能来点利息收入吗？"

唐纳德：是的。60∶40的股票债券投资组合将遭受压力。事实上，这种组合已经遭受压力了。如果我们处于滞胀环境，例如，股票和债券同时遭受冲击，瞬间就会产生通货膨胀，大宗商品市场将开始撕裂。

所以我在下一个5年、10年、20年的商品趋势跟踪策略上强势看多。会有大量资金涌入这类资产。一直以来，资金流入股市是因为美联储的刺激政策。这些数万亿美元的资金得流入其他地方。最终会进入商品和房地产市场。

迈克尔：每个人都看过《大空头》，在电影里克里斯蒂安·贝尔（Christian Bale）扮演迈克尔·巴里（Michael Burry）。人人都知道2008年之前发生过的事，但显然没人想过2008年之后还发生了什么事。你猜怎么着？自2008年以来，已经有很多人在做手脚了，当账单到期时，他们将制作《大空头》第2部。

唐纳德：正是如此。这种事每10或15年就发生一次，比钟表还准时。现在日内交易投机正流行，人人都在赚钱。就像巴菲特所说的，潮水退去，你将看到谁在裸泳。希望到时候趋势跟踪交易者早已就位，捕捉到大动向。

回到你刚才说的一点，即关于过去10年里我在标准普尔500指数表现很好的情况下赚钱，我觉得有个关于趋势跟踪策略的小误解，就是我们只能在市场危机中赚钱。是的，我们可以在市场遭受危机时做得不错，因为有大趋势产生，但我们也能在股市上涨时赚钱。有意思的是，我们与股市毫不相关，而不是完全负相关。我们不仅在股市疲软的时候表现不错，在股市走强的时候也能够表现得很好。这一点在管理期货领域被遗忘了。

我们不仅可以在市场遭受危机时做得不错，还能在股市上涨时赚钱。

迈克尔：你用管理期货这个术语时我都快长出动脉瘤了。为何人们不爱使用"趋势跟踪"这个词？我们为什么还需要其他术语：时间序列分析、动量策略、管理期货——离众所周知的核心术语"趋势跟踪"越来越远。

唐纳德：剔除失败者，持有赢家。这只是一个统计系统。就这样。

迈克尔：有没有其他影响你或你喜欢阅读的东西，比如心理学？是什么驱动你，或使你保持平衡？

唐纳德：和阅读关系不大。原先我阅读量很大。现在是要从整个人生的角度去保持平衡。我现在已婚，有两个儿子。我经常追着孩子们跑来跑去，这让我不再集中注意力盯着每天上上下下的市场。市场在短期内是随机的，你可能会浪费大量精力，试图整天观察市场，认为你可以做一些事情。但很多人这样做反而陷入了麻烦，特别是在回撤期间，他们觉得自己需要做出改变，做些调整。

剔除失败者，持有赢家，并且使用统计系统。

我也常去钓鱼、打高尔夫球。我喜欢钓鱼，因为它和交易很类似，我无法控制鱼在哪里出现，会不会咬钩。但是我得先将鱼饵放进河里。如果你想成为一个富有成效的渔夫，和做趋势跟踪交易一样，你必须每天都去河边，去能钓到鱼的位置。当条件合适而且水里有鱼时，你可以捕获一些大鱼。

趋势跟踪交易就像捕捞蓝旗金枪鱼，你一年捕到几条大鱼，全年收获就够了。这不像钓鲈鱼或钓蓝鳃鱼那样，整天都能钓到很多小鱼，每天都在赚钱。趋势跟踪就像你可能几天、几周甚至几个月都一无所获，但一旦成功，就是大鱼。市场的迷人之处在于，你可以看到这些很大的、离群的、肥尾型的价格运动。我需要在场参与，保持活力，把所有的鱼钩都投入水里，以便在那些大鱼出现时抓到它们。

因此，对我来说，保持平衡就是钓鱼，在户外活动，并保持脚踏实地，偶尔和一些其他的趋势跟踪交易者交流。我不如以前聊得多，因为我现在有自信了。我已经经历了如此多的周期，任何人都无法使我相信有任何东西即将改变任何事情。我有自己的系统，或者就如艾迪·塞柯塔所说的："系统有两个组成部分。一个是真正的交易系统，一个是你坚持使用系统的能力。"在过去12年里，这两个部分都经受住了压力测试，而我感觉良好。现在，市场行情或世界经济中几乎没有什么能让我感到不自在。这些我都经历过了。我感觉很舒服，现在我要把这种自信和舒适感传递给我的客户，并确保他们也有同样的感觉，这样我们就可以永远停留在这趟旅程中。

好的交易是无聊的交易。

迈克尔：你提到不要整天盯着屏幕。有时我在网上看到一些照片，人们站在交易工作台前，上面摆着6台显示器。他们在谈论自主交易，我就想，你是一个人，只有两只眼睛，工作台上有6台27英寸的显示器。你要凭主观判断完成这些交易。什么时候人们才会认为这种故事都是扯淡？

唐纳德：这种故事很受欢迎。它们看起来很吸引人、很酷、很有趣。很多日内交易就是如此。这是一种瘾，它会使大脑中控制情绪高低的部分得到满足。我得承认，在我起步的时期，趋势跟踪和交易对我来说更刺激。我的意思是，在交易中看着市值涨跌起伏很刺激。但经过数年交易后，我觉得好的交易是无聊的交易。这也是我不再过多谈论交易的原因。人们问我对市场走向的看法，我说："我不知道。"我可以告诉你我的头寸——你可以从我的头寸里自行读取信息。仅此而已。这就是我如今的观点，我做多这些，做空那些，因为这就是趋势。下个月我们再聊时，头寸会有点不同。除此之外没什么了。

迈克尔：我喜欢看业绩记录。你研究那些长达10多年的每月业绩，它会告诉你一个故事。即使有人对市场知之甚少，他们也能看到2020年3月你的业绩回报是56.5%，同时他们也清楚那个月新冠疫情正在肆虐。然后他们就突然开窍了："等等，他怎么能在疫情中赚那么多钱？我以为大家都被疫情打败了。"然后另一个窍又开了。

我记得我在研究1995年年初的情形时，推测出约翰 · W. 亨利当时正在做空巴林银行。你研究业绩记录，并将它与同期的真实事件匹配关联起来，就会产生深刻的教育价值。我有一份约翰 · W. 亨利的信息披露原件，是从他交易的第一个月，账户里只有16 000美元时开始记录的。

唐纳德：约翰 · W. 亨利在几十年之后买下了波士顿红袜队。

迈克尔：如果未来某天你买下了波士顿红袜队，记得给我留几个好座位。

CHAPTER 9

第9章 罗伯特 · 卡弗

第1部分 交易，快与慢

罗伯特·卡弗（Robert Carver）是一位独立系统化期货交易者与投资者、作家及研究顾问。他目前正在伦敦玛丽女王大学做客座讲师。罗伯特使用自有资金交易，所采用的方法可以在他的书里找到。2013年之前，他在AHL工作。AHL是一家大型系统化对冲基金，隶属于英仕曼集团。他负责建立AHL的基础全球宏观策略。他的著作包括《系统化交易》（*Systematic Trading*）、《杠杆化交易》（*Leveraged Trading*）及《聪明的投资组合》（*Smart Portfolios*）。

迈克尔的话

罗伯特 · 卡弗目前居住在伦敦。此前他在巴克莱银行与AHL工作，后者是知名的趋势跟踪策略基金，由迈克尔 · 亚当斯、大卫 · 哈丁和马丁 · 拉克创立。不论你是新人还是老手，罗伯特都为你阐释了系统化交易中最重要的话题。没有秘密。没有黑匣子。没有魔法。只有常识。

迈克尔：在“系统”的概念出现在你人生里之前，你对金钱和市场有什么样

的理解？这种理解是怎么来的？

罗伯特·卡弗（以下简称“罗伯特”）： 这种理解其实来自我金融职业生涯的早期。我早年做了些事，又放弃了；24岁时我决定重回校园，拿到大学学位。大学的最后一年，我去了一家量化交易公司实习，就是AHL。在那里我第一次思考关于系统化交易的问题。那时我还没有在投资银行工作过，也没有交易过自己的钱，更没有做任何别人在年轻时可能做的那些事情。所以在我还相对年轻，即二十七八岁的时候，系统化交易就进入了我的思维体系，几乎从一开始就参与了我的投资生涯。

迈克尔： 你是什么时候在AHL工作的？

罗伯特： 实习是在2001年夏天。然后我回到学校，完成最后一年学业。随后我为一家投行工作了几年，从事我称为主观型交易的工作，然后又在一家经济研究中心培养了自己的量化分析技能。2006年我又回到AHL，一直工作到2013年；显然，这段时期在金融界工作又刺激又可怕。

迈克尔： 在我们谈论2008年金融危机之前，我想深入谈谈系统。当你第一次为了完成学业去AHL工作时，你都了解些什么？有什么特定的人或事让系统一下子出现在你眼前，可以说使你突然有所顿悟，还是说理解过程是渐进式的？

罗伯特： 渐进式的。除了系统化，我从来没有用其他方式思考过金融。我发现在投资银行的环境中很难进行系统化交易，原因之一是我们所做的交易似乎是基于直觉或感觉的东西，而我是那种对数字、对正式的做事方式、对使用算法来决定思考过程感到舒服的人。

除了系统化，我从来没有用其他方式思考过金融。

迈克尔： 我想读一段你的《系统化交易》开头的部分，你引用了丹尼尔·卡尼曼的话。用他的话来奠定今日对话的基调再好不过了。

> 在每一种情况下，一个简单的算法都与专家的准确度势均力敌，甚至超

越专家。为什么专家比不上算法？原因之一是专家们在进行预测时，试图表现得很聪明，试图跳出条条框框，考虑复杂的特征组合。复杂性可能会在少数情况下发挥作用，但更多时候，它会降低有效性。

这完美总结了你选择的方向。

罗伯特：对，一点没错。如果我有一条主要观点，那就是绝大多数人都不如自己想象的那样擅长交易。讽刺的是，正是那些认为自己是专家，有很多知识和经验，长期进行投资的人更容易盲目自信，高估自己的能力。

人们很少批判性地评估自己，并正确地计算出他们在主观的交易活动中成效如何，他们也不会正确看待统计数据，来检查他们是否真的比某个系统做得好得多。许多人在自欺欺人，如果他们有个简单的系统，业绩会好很多。

绝大多数人都不如自己想象的那样擅长交易。

别误会我。行业里有一些非常优秀的交易者，但他们只占金融从业人员的一小部分。对于绝大多数我认为是普通人的人（包括我自己在内）来说，使用系统是最好不过的办法。

迈克尔：你如何定义一个投资领域中的交易系统？

罗伯特：系统必须具有客观性、可重复性和可迁移性。很多人，特别是那些我称之为技术分析中模式匹配的老传统的人，会看图表，看形态，他们声称自己是系统交易者，因为只有当他们看到这些形态时，才会真正进行交易。问题是，如果你让他们写下一个可以形式化并转化为计算机算法的客观规则，或者甚至只是写出来，让其他毫无经验的人能够识别这些相同的形态就行，他们似乎都做不到。

这意味着他们的做法并非系统化的。他们并非在掷飞镖，但也不是完全客观的。他们的交易方法无法转移给他人。甚至同一个人都无法重复自己的过程。他们可能在不同时间看到稍微不同的形态，然后说："哦，是的，那是一个买入点。"但他们并没有应用一个完全客观的规则——你可以将该规则形式化为一种算法，从而每次都得到相同的结果。

如果你不打算让不同的人在使用你的系统时，或每次自己使用时获得相同的结果，那么在我看来，你就不是一个系统化交易者。

迈克尔：不久前，有人发电子邮件和我探讨一个基于价格行为的系统。然后他的问题是："但我必须使用图表，对吗？"他们就是那种道路选对了，但还被图表阅读法则拖后腿的人。当你试图让别人理解客观化、系统化的方式时，这点肯定令人困惑。

罗伯特：部分问题来自过度自信产生的幻觉。有种观点认为你得成为专家，才能做好工作。如果你能将你的工作用两三行代码，或两三个步骤，或只有五六栏的表格写出来，人们就会觉得这肯定不怎么样，因为它太简单了，里面没有足够的专业知识，你不需要盯着图表10年、20年就能做。所以人们会持有一种观点，即趋势跟踪策略不可能有多好，不可能行得通。形态越复杂、越主观越好，因为依照逻辑，如果你属于一小部分有能力的人，你才可能赚更多的钱。我根本不认同这种观点。

迈克尔：为什么你认为那些怀疑论者没有发现自己最终是在寻找证据？过去的表现不一定能决定未来，但看看几十年来一些系统化交易者的每月表现，并从中总结出一些东西是相当有趣的。

罗伯特：绝大多数人没有判断证据好坏的能力。绝大多数人对统计显著性的概念无法形成直观的理解。如果你问是什么构成了一份足够长，从而可以让人做出判断，并且有95%的概率不是出于侥幸的业绩记录，大多数人都会大大低估在实践中真正做出判断所需的时间和数据量，除非交易者非常熟练，或者交易系统非常优秀。除非你是在高频交易领域，否则你确实需要大量的历史知识来做出关于技巧与运气的判断。我说的历史是长达数10年的历史。

当我分析交易系统时，我通常有足够的数据来判断某一系统是否在过去至少是盈利的。但是，除非个人交易者已经在投资领域待了很长时间，而且他们的交易风格没有改变过，从而可以使用自己的全部数据，否则他们不太可能真正地说：“我不是走运，我是真的很优秀。”

所以绝大多数人搞混了运气和技能。这是一个问题，因为即使你像掷飞镖一样投资，或者即使这些图表根本没有价值，你也有相当大的机会在交易的前几年设法赚到些钱。你很难退一步说：“好吧，实际上我正在做的事情不会增加任何价值。”因为你没法得到足够的证据。

人们天然倾向于高估自己的交易水平，并将他们几年来赚了些钱的事实归功于他们阅读图表的技巧。

迈克尔：让我们用不同的时间框架来拆解一下系统化交易。假设高频交易在一个极端，而慢速的趋势跟踪交易在另一个极端。这两种策略都可以系统化，但大不相同。很多投资者都抓不住这种区别，对吗？

罗伯特：绝对没错。如果你告诉人们你是一个系统化交易者，大多数人都会认为你是一个算法交易者，这意味着你在短时间内交易，是高频交易者里的极端，持有头寸的时间长度是微秒级、毫秒级的。但其实你需要以一种完全不同的心态在这些不同的领域进行系统化交易，这一点是相当难解释的。

以一些名人为例，如经营元盛资本的大卫·哈丁，他也是AHL的联合创始人之一；或经营荷兰高频交易公司IMC的罗伯特·迪法斯（Robert Defares）。他俩都很聪明，很成功——都有亿万美元身家，在各自领域做得不错。但如果你让他俩对调，去经营对方的交易策略，我觉得他们会苦苦挣扎，因为这是两个完全不同的世界。

我对那帮高频交易的家伙所做的事几乎没有概念。他们使用的技术在低频交易世界中根本没有意义，因为他们可以参考的统计数据要比我们多得多。在低频的趋势跟踪交易，如战术性的资产配置模型中，你没有那么多数据，所以你需要更好地把握并运行具有经济意义或直观意义的策略，而不是让它们成为出现在一些短期数据中的一组奇怪的、名义上的模式。

迈克尔：即便他俩互换位置会彻底不知所措，但底层的共性还是可以回归到卡尼曼的学说，不是吗？这直接与人类的行为有关。我们不是完全理性的动物，不论是高频交易还是趋势跟踪，有一些常识性的理由让我们坚持使用一个有效的系统。

罗伯特：没错。最成功的系统化交易者就是那些运行有效系统的人，绝对如此。更高频的交易方法是有意义的，因为你本质上是在为市场提供流动性而得到报酬，无论是通过隐含的买卖价差，还是通过回扣和美国股票市场。至于稍慢些的交易，有各种理论解释了趋势跟踪策略为何在过去有效，我个人相信它在未来仍然有效。我最喜欢的一个理论是叫作"前景理论"的行为金融学理论，卡尼曼是该理论的联合创立者，它本质上讲的是人们以不同的方式兑现收益和损失。它很简洁地解释了为什么人们很难投资趋势跟踪策略，为什么利用那些不受情绪化想法影响的计算机会有利可图。

位于交易频率两端的交易者的第二个共同点是坚持自己的系统。他们相信自己的系统。在高频交易世界，你的选择不多——交易进行得非常快，而你作为人类没法插手系统的交易。系统必须全自动运行。而对于低频的系统化交易者来说，在某些情况下，对系统进行干预、改变参数或推翻系统的诱惑力更大。这种诱惑很危险，但我确实相信，如果你能避开这种诱惑，你会更成功。

迈克尔：你的书里有一个很好的故事，讲到你一度离开对冲基金行业并拜访了一家交易公司。你为什么不再说一下这个故事呢？我认为这很有启发性。

罗伯特：离开对冲基金行业后不久，我开始接洽业务，为一家本地自营交易公司提供咨询和管理一些资金。那家公司的人员组合很常见，有一些头发花白的前伦敦国际金融期货交易所交易员，还有些天真的年轻人，全天只交易几只期货合约。但是公司老板对他的量化交易团队感到格外骄傲。那支团队里有几名20多岁的人在摆弄计算机，运行一个现成的回测软件包。"这个家伙刚来一个月，已经想出了50条新的交易规则，都能盈利而且通过了回测。"老板解释说。"不错。软件很不错。每天可以自动测试几百条交易规则。"那个交易员补充说。我尽量控制住面部表情，委婉地说："我肯定其中有些规则能行。"

迈克尔：你走进那个充满兴奋感的房间。"我们已经有了最新最棒的回测软件。我们有交易老兵。我们有慧眼如炬的20多岁'千禧一代'。团队整装待发。然后天哪，只要几分钟，我们就回测了几条规则，太棒了，我们搞定了。"当然，我们今天谈话的时间有限，没法深入解读这个故事里的每个元素。但你能否大致解释一下当时的感觉？尽管你表述得很委婉。

罗伯特：这个故事让我感到似曾相识，部分原因是我自己也这么干过，虽然程度不同。当你掌握一些回测软件，并且有一些好想法，开始摆弄这些软件看看会发生什么时，我觉得这是很诱人的。所以，有几件事会出错。

第一件事很容易理解，你本质上是在使用一台时间机器作弊。如果你对全部数据进行回测，查看结果，然后决定"这款模型很好，我要保留它"，或者"这款模型很差，我不打算保留它"，那么你所做的事情在1975年（假设这是回测的起始时间）是不可能做到的。除非你能使这两个模型在一段时间内同时运行，再逐渐找出哪个模型似乎表现更好。

第二件事是统计学上的：如果你测试了很多不同的交易策略，即使平均来说它们都很糟糕，但其中一些在特定的时间段内会看起来不错。举个例子，我们假设你会很严格地说："只有在回测中看到夏普比率至少为1的情况，我才会考虑这个模型。"然后你测试了100条不同的规则或变量，这听起来好像很多，但对许多这样的软件包来说很容易做到。它们不是100条完全不同的规则，而是一个主题的100种变化，参数略有不同。

平均来说，在有100条规则和最小夏普比率为1的情况下，其中有16条规则看起来好像不错，尽管没有一条是真正盈利的；在你的回测期间有16条规则碰巧运行得相当好是"幸运"的。这个问题会以指数形式恶化，因为你已经研究过这么多不同的规则，所以在一个糟糕的规则成为漏网之鱼之前，你必须大幅度减少你研究的规则的数量。其中的教训就是你必须严格要求自己，尽量避免查看全部的数据，你必须尽量减少参数的数量。

我相信，如果你有一个自认为会成功的想法，并且你去尝试了，那么以下两种情况中的一种就会发生。要么就是回测结果看起来很糟糕，但你很难承认说“哦，我的想法很糟糕”。特别是当你在为别人工作，他们期望从支付给你的工资中得到一些回报时。你会禁不住去花时间打磨规则，改变参数，添加覆盖层，搞来搞去，直到你设法让规则在回测中看起来不错。你会自欺欺人。

另一种情况几乎同样糟糕，如果你的规则在回测中有效，你就会尝试改进它。这些改进可能会改善回测的表现，但当你用真钱交易时，你很可能已经完全破坏了规则的效果。

迈克尔：我很好奇，你走进那家公司时有什么感受？你是否将其视为仅基于数据的回测开发？还是你觉得他们的确有些想法？谈谈想法和数据之间的区别，以及这背后的复杂性，因为这不一定是一个简单的选择，是吗？

罗伯特：是的，我为人们提出交易系统和交易规则的两种主要方式分别打上标签。很多人一想到系统化交易者，就想象我们是“数据第一”。随着机器学习、神经网络和大数据等事物流行起来，这种看法越来越普遍。人们认为，你得到了全部的价格数据，把它们放入某种巨大的优化机器中，然后就会跳出一个交易规则在这些数据点中给你一个好的、可盈利的账户曲线。然而那条数据规则可能毫无道理。规则可能是高度随机性的，好比如果标准普尔500指数在某个周二下跌，当天又是满月，那么你应当在周四做多猪肉。这条规则说不定挺好，真的有效。如果你去观察文艺复兴资本的吉姆·西蒙斯（Jim Simons），会发现他就一直长期遵守这种稀奇古怪的非线性交易规则，而且成功了，但这不代表他的方法适合所有人，因为你得对数据显著性之类的问题格外谨慎。你得使用一些相当复杂的技术。

我将另一种方法称为“想法先行”，就是说你从一个想法开始。该想法可以是基于经济的，比如“美国央行根据失业率水平和通货膨胀水平设定利率”。那么我可以设计一个模型，赌当通货膨胀率上升、失业率下降时，利率就会上升，反之亦然。该想法也可以基于某种行为。所以只要你认为趋势跟踪是有效的——不管出于什么原因，就可以建立一个趋势跟踪模型。你一旦有了想法，并建立了一个能够体现该想法的规则，就可以去验证它。

重要的是，在这两种情况下你都必须验证规则，确保它是有效的。但针对第一种方法，你有额外的验证以了解它为什么有效。我喜欢这种额外的确认，额外的肯定。我更愿意运行一个我理解的模型，特别是如果它在亏损，我就能理解这是因为某个特定的效果目前没有发挥作用。然而如果我不理解交易策略的来源，就不一定能理解为什么会亏损，就更难坚持按原计划交易。

每当我看到有人用“数据先行”的方法并且用得一塌糊涂的时候，我就觉得很沮丧。两种方法都可行，它们各自在不同场景下发挥优势。“数据先行”的方法似乎更适合快速交易。“想法先行”的方法更适合慢速交易，因为可利用的数据更少。但一般来说，我看到更多的规则滥用和糟糕的系统设计是由那些一拿到数据就分析，不考虑市场状况和他们的交易系统的底层逻辑的人搞出来的。

我更愿意运行一个我理解的模型。

迈克尔：我想回头聊聊2008—2009年。从你的角度来看，你在危机最前线看到了什么改变你的东西？这些东西如何让你有勇气使用一个系统并对该系统坚定不疑？

罗伯特：2008—2009年的危机让我认识到我们并不擅于预测未来。有少数人预见到了信贷危机的到来，其中有名的是约翰·保尔森（John Paulson），他在市场上下注，成功从中获利。但如果你回到2007年1月，根本找不到任何宏观经济预测者说两年之内美国经济将遭遇严重的衰退。

没有哪位银行和抵押贷款公司的分析师会说：“你知道吗？几乎所有我们用高度复杂的分析方法研究过的机构都会在几年之内破产或被政府救助。”这些人毫无头绪。但如果你看看那段时期的交易系统，它们并没有试图预测将会发生什么，而是在2008年

2008—2009年的危机让我认识到我们并不擅长预测未来。

年中显示："好吧，看起来股市要开始下跌了。我们要将多头股票平仓，然后做空股票，做多债券。"

迈克尔：这不是直觉，而是系统？

罗伯特：正是系统。相比之下，在2007年年初，我们关注的是抵押贷款支持证券市场和贝尔斯登公司在2007年2月倒闭的新闻，那是信贷危机的第一个紧急事件。我对一位正在操盘系统化股票基金的同事说："我觉得股票市场要出现大举抛售了。"

我不是想把自己包装成天才预言大师，因为我说过，我觉得自己还没有优秀到能够成为一名主观交易者。我觉得很少有人能够这么优秀，尽管当时我的判断是对的，判断的时机也非常早。我和交易系统的区别在于，交易系统在随后很长一段时间里还在持续做多股票，直到后来它识别出市场转向，自动反转头寸，最后业绩相当不错。

所以很多人不知道将要发生什么，哪怕危机已经开始一段时间了，他们还在预测当年银行的同比利润增长率为5%。然后另一小部分人看到了将要发生的事，并且有能力下注，从危机中大赚一笔。还有一群像我这样预测到危机即将来临的人，且他们未必是通过任何特殊的技能，但他们无法从中获利。另外还有一些交易系统既不了解也不关心未来，但根据市场动向调整了头寸。

有一件事可以很好地概括这一切。在危机之中，当美国国际集团和雷曼兄弟倒闭，房利美和房地美也陷入了泥潭时，我们坐在办公室里被彻底吓坏了，就像无头苍蝇一样。"我们该做什么？我们该做什么？市场一团糟。世界要完蛋了。"

如果让身为人类的我们来做出交易决策，就可能卖空全部资产，买进金条，然后搬去瑞士。但正是因为我们在运行计算机系统，所以我们很严肃地问自己："我们需要关闭交易系统吗？让它继续运行是安全的吗？"在此期间，计算机系统不知道也不关心我们害不害怕，不知道也不关心市场上的坏消息，在这种条件下它只会观察价格形态，然后买入和卖出合适的头寸。

所以2008年是我们的基金表现最好的年份之一。恐惧的、情绪化的人类和计算机系统之间形成了鲜明的对比，计算机系统没有情绪，不会害怕，能继续做它的工作。市场发生变化，计算机系统就会考虑适量的风险。它不会想："这种环境真可怕。"它会根据看到的市场风险来调整头寸规模，然后赚钱。

迈克尔：你举的例子很好，一个系统化交易者在面对完全混乱的情况时坚持了下来。作为一个坚定的系统化交易者有什么坏处呢？

罗伯特：有几项。第一，我的确相信有些人能比交易系统做得更好。如果你是一个出色的交易者，比如说保尔森，你可以研究价格形态，然后思考可能的经济后果，做出相关预测。你没法通过系统像2007年的保尔森那样做空住房抵押债券，因为缺少可复制性。2007年的情形是，房价上涨到了前所未有的高度，住房抵押支持债券的巨大泡沫也是前所未有的。如果这种情况在之前的30年里每年发生一次，那么是的，你可以建立一个模型并从中获利。这是第一种劣势。作为系统化交易者，你永远无法和最优秀的主观交易者相比。但我们中的绝大多数原本也无法成为最优秀的主观交易者，所以我们不考虑这种方法，坚持使用系统。

第二，在某些罕见的情况下，你必须干涉交易系统。我的职业生涯中有几个例子。有一次泰国发生军事政变，我们知道当地货币的自由兑换大概率会中止，政府还会实施资本控制，所以我们迅速将泰铢交易头寸平仓。系统对此一无所知。这并不是说我们在预测价格走势方面能比系统做得更好，而是我们清楚那个市场无法交易了，所以我们要尽快停止交易。

还有一次，我们的主要经纪商之一全球曼氏金融遇上了大麻烦。我们又一次提前几天得到了消息，所以退出了他们作为单一经纪商的交易头寸，否则我们就会面临客户资金亏损的风险。

但我说的只有两个例子，我也许可以从7年的职业生涯中再举出三四个例子——在这些例子中，对系统进行干预是正确的做法。需要干预系统的情况就是这么罕见。我说的可不是根据你当前对风险的看法，每个月都去调整系统。

迈克尔：你提到了约翰·保尔森这类出色的主观交易者。我还能想到迈克尔·巴里。他们定义风险的方式会让大多数系统化交易者感到相当紧张，因为有多少个保尔森和巴里，就有多少所见略同却错失时机的人，或者手持同样的赌注，却成为历史中的陪衬。看起来，一个优秀的主观交易者眼里的风险与我们一直在谈论的系统性风险区别很大。

罗伯特：我要用几种不同的方式来说明这一问题。一种方式是采取纳西姆·塔勒布（Nassim Taleb）在他的许多书里宣扬的观点，就是说如果你开启交易生涯，那么你应该是主观型的，还是系统化的？如果你要做一名系统化交易者，那么在不承担太多风险的情况下，期望每年平均赚取10%或15%的收益是合理的。如果你是个绝对的顶级主观交易者，那么你可以将刚才说的数字乘以很多很多倍，但是99.9%的人在这条路上都会失败。获利潜力更高，但是平均值和分散度要差得多。

其实这不是系统化还是主观型的问题，归根结底是关于不同的交易策略和不同的回报特征。保尔森下注的方式就是常年承受小额亏损，然后在一两年内大赚几票。这实际上与趋势跟踪处于同一起跑线上，通常情况下，10个月中可能有6个月你会亏损，但在赚钱的4个月中，你会赚得更多，而且都会取得胜利。所以这两者比你想象中的更为接近。而这与——用一个技术术语来说——负偏差交易风格截然不同，比如说外汇套利，或者约翰·保尔森交易的另一种做法。在那种交易风格下你每年都在卖信用保险，得到很多小规模收益，你感觉很不错——然后每隔几年，你会遭遇一次巨额亏损，直接被清盘出局。

你思考风险管理的方式和思考风险大小的心理是完全不同的。但保尔森的方法是大量下小注，偶尔获得大额回报，这与趋势跟踪更相似，而不是相反。无论你做系统化交易还是主观型交易，获得大量的小额收益在心理上感觉更好，但你偶尔会遭受巨额亏损，所以必须在系统中谨慎建立风险管理机制，保证这些巨额亏损不会让你出局。

迈克尔：一个重要问题：依你之见，你应该针对每个市场、每种金融工具使用单一交易策略吗？你已经就这个问题写过一本书，所以人们可以深入地阅读你的观点，但我想听你本人谈谈。

罗伯特：总体上是的。我自己的投资组合在大约40个期货市场中交易，覆盖绝大多数资产类别和绝大多数国家。我对这些交易做的唯一区分就是每个市场的交易成本。我在便宜的市场交易得更快，在贵的市场交易得更慢。例如对于澳大利亚利率期货，我交易得很慢，因为成本昂贵。纳斯达克指数期货之类的就可以交易得快一点。但是在这里快与慢之间的差异也不大。也就是说，平均持仓周期可能最短是两到三周，最长是两个月——差异没有那么大。

另一方面，我会用不同的规则来交易一些完全不同的资产种类，比如成对的美国股票。但如果你谈论的是交易一些相当类似的东西，那么一般来说，没有太多的证据表明你应该以不同的方式交易，比如说是交易英镑对美元的货币期货还是交易日元对美元的货币期货，哪怕它们和美股期货也有所不同。你可以看到数据有些不同，但还达不到统计意义上的显著性。

这更坚定了我在这个问题上的态度，因为如果回到5年前，当我在AHL时，我会说有很好的理由以不同的方式交易不同的东西，但现在我没有看到这方面的证据。我认为，特别是作为一个自己做研究、没有团队的个人投资者，你应该做最简单和有意义的事情，只有在找到非常有力的证据支持的情况下，才去做更复杂的事情或去适应不同的市场。只看期货市场，我很少见到那种证据。

迈克尔：我们可以把唐纳德·拉姆斯菲尔德（Donald Rumsfeld）最喜欢的描述拆解为可预测的风险和不可预测的风险，已知的未知和未知的未知。我认为有时候人们不愿意花充分的时间去思考他的话，他的话可能听起来有点机智，有点可爱，或许带点政治色彩，但他的话背后有很多深度。

罗伯特：绝对没错。风险就是关于未知。如果我们知道下周将发生的事情，就不会有风险牵涉其中。但是我们有已知的未知和未知的未知。我会将它们分别称为可预测的风险与不可预测的风险。要预测一件事，你需要某种模型。你需要数学函数，然后输入一些你认为正确的估值。说这句话很简单——“我认为所有的资产回报都

如果我们知道下周将发生的事情，就不会有风险牵涉其中。

符合统计学家所说的正态分布，具有一个特定的标准差，又具有一种特定的相关性”。这在实际操作中意味着你可以用相对较少的变量来勾勒出你认为资产回报将会发生什么。

然后你可以进一步说：“我认为这个模型对世界上的风险预测得不够。我想让模型变得更加复杂，并引入各种其他因素。”从事量化金融工作的人会构建出越来越多的、深奥的风险模型。危险的是，你对可预测风险的概念越复杂，你就会越少考虑不可预测的风险，从而越少考虑纳西姆·塔勒布所说的“黑天鹅”，即那些完全来自外部的事件。

说回信贷危机，有个很好的例子。抵押贷款证券定价模型使用了Copula理论，它是如此复杂，使人们以为模型完全体现了真实世界。他们忘记了模型只是模型。模型是对现实的简化，而不是现实。

我个人的做法是走向相反的极端，使用尽可能简单的风险模型，并始终确保尽可能地限制我对不可预测的风险的敞口。因此，假如标准普尔500指数在一天内下跌80%（还从未发生过），并导致我可能面临巨额亏损，至少我心里对这种事有所准备。而如果我使用一个更复杂的风险模型，我将过多考虑已知的未知因素，而完全忘记未知的未知因素，即风险模型中不可预测的部分，这才是危险之处。

第2部分

建立投资组合

迈克尔：就在你的《聪明的投资组合》一书开头，你引用了几句话，我喜欢沃伦·巴菲特的这句：“基金顾问喜欢给投资风格贴标签，如‘多空’‘宏观’‘国际股市’。在伯克希尔·哈撒韦公司，我们唯一的风格是‘聪明’。”

当我读到这句话时，我在想：“这是很精辟的智慧。很有道理。暂时抛开名字和行话，保持聪明才是正确的选择。”但是，我的第二个想法是：“巴菲特先生，我们到底如何定义‘聪明’这个词呢？”

罗伯特：巴菲特可能会说，他做任何事情都能体现聪明。但不是人人都能成为沃伦·巴菲特。实际上，如果你试图复制他所做的事情，最终的结果可能还不如自己做一些相对简单和直接的事情。

如果看一下我书架上的投资书，在架子的一端，我有一本几乎全是数学公式的书。你必须有学术背景才能读懂它，内容很好，但对街上的普通人来说没有什么实际用途。在架子的另一端，我有像《金融怪杰》系列这样的书，这些书相当容易阅读，相当具有娱乐性，但你还需要一点实质性的内容，才能真正开始做一些明智的事情。

对我来说，聪明是介于两者之间的：你很聪明，你知道你在做什么，但你并不试图使用学术理论将事情做得过头。你做自己知道会奏效的事情。你不会让事情变得更复杂，反而让它们尽可能地简单，但也不能过于简单。

迈克尔：在谈及一些细节之前，先说说大的方面。许多人陷入了这样的想法：哇，看看沃伦·巴菲特那非凡的事业。问题是你不可能完全复制巴菲特。再进一步说，即使你有一个聪明的投资组合，也并不意味着你的邻居同样有这个组合，同时又可能意味着你的邻居有一个比你更聪明的投资组合。这里的一个诀窍是关于如何控制自我，不要把自己的时间都花在试图与邻居基准或投资基准相比较上。如果你在生活中不断地将自己与他人进行比较，那么依我愚见，这就有点神经质了。

罗伯特：我们对冲基金行业出身的人一辈子都在和别人比较，和业绩基准比较。你说得对，大家有些走火入魔了。我把这种现象称为“尴尬”，因为如果把你的业绩与基准相比，你的业绩是超过基准的，那确实挺好的。但如果你的业绩不行，就很尴尬了。

重要的是，人们要有一定的自知之明，并问自己：“我可以承受多少尴尬？”因为，坦率地说，如果你是那种会对任何略低于水准的表现或偏离市场的状态感到很糟糕的人，导致自己胡乱调整投资组合，那么你或许应该持有市场投资组合。你或许应该投资一只全球性的、市值较大的ETF，不要再为你的投资操心了。

但是，如果你对糟糕的成绩并不介意，而且不在乎别人的眼光，那可太棒了，你显然可以让投资组合更大幅度地偏离基准。交易者必须认识到自己对尴尬有多少容忍度，就像你在构建投资组合时需要校准你的风险容忍度一样。

交易者必须认识到自己对尴尬有多少容忍度。

迈克尔：这里是否还有一个因素：人们觊觎邻居的成功？同时也有嫉妒的成分？当一个人总是考虑别人在做什么，就需要消耗大量的心理能量。

罗伯特：我同意，我们喜欢将自己与他人进行比较，这当然是人类的天性。我们需要真正有意识的努力才能停止比较，迫使自己专注于自己的生活和目标。如果我说我从未将自己与他人进行比较，那是在撒谎。

迈克尔：我当然也一样。

罗伯特：我坐在这里，看着邻居的房子比我的更大。我看得见。每次出门我都看得见，但秘诀在于不要让这些影响我，而且我应该想想生活里令自己感到满意和舒服的事情。

迈克尔：你已经提出了所有投资者都必须思考的三大问题。第一，我们应该投资什么？第二，我们有限的资金如何分配在这些投资上？第三，我们需要随时做出调整吗？意思是：你一直进行买入和卖出吗？你需要调整到平衡状态吗？

这是人们观察市场并配置资本的一个简易框架。我们会发现，一些细节变得有点复杂，但这一基础是一个相当好的开始，不是吗？

罗伯特：每当人们来找我寻求投资建议时，他们提出的任何问题几乎都可以归纳为以上三类之一。我应该买什么？我应该在股市上投入多少钱？韩国的局势看起来不妙，我应该卖出吗？我应该调整投资组合吗？我应该卖出韩国股票吗？这些都属于你说的三大问题中的某一个。

迈克尔：我想你会同意我的观点，人们总是针对有限的时间区间提出问题。

他们想知道，“告诉我，我现在应该做什么”。他们对日后应该做什么似乎并无兴趣。就好像在说：“嘿，老兄，能否给我一个速成投资秘籍，好让我即刻满足？”他们对结果如此关注，以至于不会问你这样的聪明人，“嘿，老兄，我想知道你的方法”。比起向你要一个结果，如果他们向你询问方法，你会对他们产生10倍的兴趣，并告诉他们你知道的一切。

罗伯特：你又说到点子上了，但这绝对是由人类本能决定的。用一个我绝对不擅长的活动来举例，比如汽车维修。我的姐夫曾经是一名机械师，所以我会在聚会上走到他面前说：“嘿，西蒙，我的车出了点问题。”然后我就描述一下情况。我希望他能说“哦，你应该做X或Y”或者“听起来问题有点严重，你需要把车送到修理厂去”。我不会希望他开始说：“哦，好吧，实际上，我认为问题在于，每周你都需要多加些油，你需要做这些事，你需要做那些事，你要熟悉一整套汽车保养规则，从头避免这种问题。”本能上，如果他开始对我讲课，我会相当恼火的。我想要直截了当的答案。这是人类天生具有的本能。

这里有个关键点，不以合理的方式管理投资组合对你的财富造成的损失可能要比不好好保养汽车所造成的损失大很多倍。对于大多数人来说，花时间和精力思考他们的投资组合会得到多倍的回报，因为随着时间的推移，复利会带来优势。但是，大多数人花在思考投资组合上的时间比思考修车的时间要少得多，这就是为什么想要得到这种快速解决方案的压力更大。

迈克尔：他们的思考过程可能是：“美国的股票市场已经直线上涨了近10年，我为什么还要思考？”

罗伯特：完全正确。我们都老到足以记得20世纪90年代末发生的事情，当时你只需要购买任何以“.com”结尾的老股票，就能赚大钱。事实上，在科技股狂飙的那几个疯狂的年份里，如果你听信了任何学术专家说“你应该有一个包含多种资产类别的分散化投资组合”，那么相对而言，那种决策似乎相当糟糕。

抱有本土偏见没有多大意义。

迈克尔：一个压倒一切的话题——也是

我们在进入思考投资的过程后都会讨论的一个话题——就是分散化。我隐隐约约地怀疑，本土偏见很强烈，大多数人只考虑投资自己的国家。这么做没有多大意义。

罗伯特：在当今的世界里，资本不太注重国境线。公司跨境经营，消费者跨境采购。纯粹专注于投资自己的国家并没有什么意义，但这么做的原因却显而易见。

如果我拿起一份报纸，就会读到关于我自己国家的各种公司的全部信息，因为报纸的报道范围往往是相当狭隘的。在我的案例中，我读到的公司大多位于英国，也许掺杂着几只迷人的美国科技股作为补充。普通人想到投资组合时，会说："嗯，我想投资一家我了解的公司，或者我认为我对它有所了解的公司。"其中第一种说法没问题——坚持做你理解的投资是很有意义的。

但如果你认为自己掌握了一些信息，就去投资一些东西，指望这样能提高回报，打败市场，这就产生了谬误。拥有一个更集中的、自以为了解并能预测其表现的股票组合，就能让你的表现超过业绩基准——这种想法是错误的。当然，有些人会这样做。问题是，人们不习惯于从概率的角度思考人生，或思考其他情况。当然，如果你有一个高度集中的投资组合，那么它的上升空间比一个多元化的投资组合大得多，但下跌空间也大得多，而且你的预期平均业绩，也就是人们应该思考的对象，会更低。如果你无法预测未来——一般来说，你也做不到——那么分散投资是应对未来不确定性的最佳方式。

分散投资是应对未来不确定性的最佳方式。

迈克尔：考虑到人类的寿命，一个人什么时候开始拥有可以用于投资的资产？通常情况下，除非你很幸运，否则你会在30多岁时才开始投资。但这正是分散投资发挥关键作用的地方。如果你想一想你要和钱打交道的时间段，比方说是从30岁到50岁，任何人都不可能知道在此期间哪些时候经济会很繁荣，哪些时候经济会衰退，以及在此期间你要经历多少次繁荣和衰退。一代人可能在20多岁碰上堪称本垒打的繁荣时期，另一代人可能在40多岁才碰上。你谈到的从概率上思考问题，就是考虑每种可能发生的意外情况，并且意识到我们不可能提前知道任何事，这使我们又回到分散投资的问题上。

罗伯特：就是这样。回顾过去20年，我们在1997年经历了亚洲危机，在1998年经历了俄罗斯危机，然后经历了互联网热潮。之后到了2000年，互联网泡沫破裂，接下来的几年相对平静，2007年，事情再次变得疯狂。甚至是在最近的18个月里，英国举行了脱欧公投，特朗普成为美国总统。在未来6个月内，我们可能身处一场核战争之中，股市可能已经崩溃，也可能继续开盘。人们需要回想一下，诚实地对自己说："如果我在1997年，没有现在的任何可用信息，没有事后诸葛亮偏差，我能预测到所有的事情吗？"哪怕沃伦·巴菲特也不会尝试预测未来。

迈克尔：在很多层面上他是如此另类。我们都喜欢谈论他，他说过一些很伟大的话，而且非常成功。但当全世界在2008年踏入地狱，而你是沃伦·巴菲特时，你可以开始购买银行，因为你有海量现金。我们其余人等没法用自己的钱来模仿他的行径。

罗伯特：没错。正如我之前所说，我们不应该看着他最集中的投资组合说："我们可以抄作业"。但是我们可以研究他的几种态度。他试图购买那些他认为具有良好价值的公司，并且希望随着时间的推移能获得良好的回报。但他并不会说："下个10年，我期望从那家公司赚到多少个百分点。"在许多方面，他比其他人更清楚自己的预测能力有限。

迈克尔：最近有人给我发了一封电子邮件，他采用了一种特殊的交易方式，投资组合下跌了40%，他似乎有些恐慌。我说："好吧，你有没有看看你的前辈们都做了什么？"巴菲特有句名言："如果你入市交易，无法承受50%的损失，或许你就不应该入市。"我意识到给我写邮件的人没有读过这句话；他没有看过其他金融奇才的业绩记录，所以在这个层面上他很天真。

许多人开始组建一个聪明的投资组合时会说："我要设置回报目标。我想控制波动率。"这又回到了你那句关于概率的话：完美是不存在的，但有那么多人追求完美。现在有多少大众投资者会接受巴菲特的观点？他们会认为那个观点重要吗？他们会认为那个观点相关吗？这是一个雷区，不是吗？

罗伯特：绝对没错。你提到设置风险目标，控制波动率。我认为其中一件事至少几乎是可能的，而另一件事则要困难得多。设定具体的收益目标是非常困难的，因为你不知道未来会发生什么事。但我认为可以这样构建投资组合，即你对波动率有一个合理的理解。

设定具体的收益目标是非常困难的。

重要的是你能够说："我建立了一个包含一定比例股票和一定比例债券的投资组合。现在，如果我研究一下历史，就知道在未来20年内，我可能会损失50%。"然后还能够说："好吧，我不会对这一点感到不舒服，因为我觉得自己需要这种积极的投资组合，希望我的钱能够在未来产生复利。"你应该了解投资组合可能的波动率，以及可能的跌幅。

你是对的，大多数人抱有极其不现实的期望。你必须说的是："我可能很擅长投资。更有可能的是，我的水平很一般，但不管怎么样，我决定保守一点，假设事情可能没那么顺利。如果这个投资组合的情况不理想，可能最终回撤会达到50%。这太高了，会超出我的应对能力。好吧，我需要降低波动率，同时我理解这也会降低未来的预期回报。"

许多人购买热门股票或运行一些杠杆交易策略，很快就会遭遇巨额亏损。亏损总会发生，这是统计学法则。他们可能一开始就很幸运，也可能一开始就亏钱，但在某个时候他们会遭遇大笔亏损。因为他们还没有做好心理准备，所以第一直觉是拉动"恐慌开关"，把整个投资组合关掉——卖掉一切。当然，这也是最糟糕的局面，因为这类策略、想法和概念只有在你长期坚持的情况下才会奏效。

迈克尔：我知道这样表述不够确切，但许多人认为波动性就是风险。他们认为，"只要把我的波动率降到最低，我就会神奇地拥有美妙的回报"。他们一心想着降低波动率，而不是以回报为目标。但如果投资组合的波动率如此之低，我不知道回报应该从哪里产生。

罗伯特：在量化金融领域，有些人把这种现象叫作“水床效应”。想象你的投资组合是一张水床。如果你坐在水床的一边，你就把你意识到的风险压下去了，因为它就在你的下面，但是风险却移动到了其他你不一定能看到的地方。

2007—2008年的危机铺垫过程就是一个好例子。那帮人构建投资组合的方法比我们谈论的更为复杂，但波动性被最小化了——接近零。他们对这些投资组合感到很满意。但其实不过是风险被挤到了别处，他们实际上是在其他事情上下了大注，而他们认为那些事情永远不会发生。然后当事情真的发生时，这些投资组合从没有风险变成蕴含巨大的风险。就个人而言，我宁愿拥有一个波动率相当高的投资组合，但所有的风险都发生在我面前，也不想要有任何奇怪的东西潜伏在水床的角落里，随时出来咬我一口。

你不可能在不消除风险的情况下完全消除波动性，如果你认为自己能做到，那么你要么是个白痴，要么就是处于另一个极端——你知道那么多数学知识，你认为理论上可以做到，而实际上这是不可能的。

迈克尔：你研究了各种回报的类型。你做过许多工作，确保人们理解几何平均收益和算术平均收益之间的区别。带我们了解一下你的投资流程吧。

罗伯特：用一个简单的例子来解释最容易。你有一笔为期3年的投资。第1年的收益为30%，非常棒。第2年的收益为30%，也很棒。第3年亏损30%。假设初始投资额是100美元，那么3年之后你大概还剩多少钱？你赚了30%，又赚了30%，然后亏了30%。

迈克尔：可能不怎么样。头两年的30%作用不大。

罗伯特：没错。你还是赚了些钱，但没有预期的多。绝大多数人如果被问到这个问题，会说：“嗯，我还是赚了30美元，对吗？因为我第1年赚了30美元，第2年，由于复利的作用，我赚得比30美元多一点，然后第2年亏掉30美元，最后还剩差不多130美元。”但实际上你手里只有不到119美元，收益率为18%。如果你将收益平摊到3年里，那么年化收益率约等于5.8%。30、30与-30的算数平均值很容易，因为后两个数字相互抵消，所以如果3年的收益率是30%，那么每年的平均值就是10%。

但几何平均收益是假设如果你每年保持同样的增长，最后能赚多少钱，所以年化几何平均收益率就是5.8%。这差不多只是算数平均收益的一半，所以有巨大的区别。重点是算数平均收益对绝大多数人来说无关紧要。一个极端的案例就是假如你将全部身家投给伯尼·麦道夫，连续30年里你将每年获得8%的收益，但是最后一年你亏损了100%，因为整个投资是场巨大的庞氏骗局。如果你算出30年里这些8%、8%、8%的算数平均值，再减去最后一年的100%，最后还能得到6%之类的数字。但你没有赚到6%或7%，你一分钱都没赚。如果最后你亏掉了全部投资，那么几何平均收益是负数，数值还不小。

考虑算术平均收益而不是几何平均收益是很危险的，因为几何平均收益准确地反映了你在投资期结束时还有多少钱。这里有一点很重要：越是高波动性的投资，越会经历大幅震荡，算术平均收益和几何平均收益之间的差值就越大。我举的那个简单例子里的30、30和-30就算是很高的波动性。几何平均收益要比算数平均收益低得多。

对于股票这种风险相对较高的投资，算术平均收益和几何平均收益之间会有比较大的差距。债券相对更安全，差距会小一点。如果你有较高的风险偏好，并且乐于看到投资组合出现较大的波动，那么你应该把全部的钱都投入股市。但如果你计算一下就会发现，在一个全股票投资组合中加入一点债券，实际上的几何平均收益率可以保持不变甚至稍微上升一点。因此，比起纯粹考虑算术平均收益，一旦你开始从几何平均收益的角度思考问题，你将倾向于持有一个更为分散的投资组合。

迈克尔：你举了一个3年期的例子，但一般来说，3年不会是人们所考虑的投资周期。你如何定义“摆幅”？它肯定会根据你的投资组合以及你倾向于什么情况而有所不同。然后，当你按照分散投资的方法走下去时，你有一个典型的仅买入持有的投资组合，但是你也开始从策略的角度考虑分散投资。很快你就会打开潘多拉的盒子，引发一些潜在问题。我想要回到一个问题上：什么程度的摆幅算是过度了？从你的角度来看，我们如何得知组合已经达到了分散投资的标准？

罗伯特：这取决于你的风险偏好。假设你的初始投资组合里只有股票，你需要将大概20%的投资投入更安全的资产类别，比如债券。如果这样做，组合的几何平均收益几乎不变，甚至还有可能增加一点。所以我认为这是最低限度的分散投资。如果你相信几何平均收益这件事，那么就不应该100%投资股票。投资组合的20%持仓应该是低波动率资产，可以是债券，也可以是另类资产或其他投资策略。

迈克尔：但除了数学上的理解之外，这里还有一项实用思维，就是未雨绸缪。这算是老标准了。

罗伯特：当然是。在高风险的投资组合中加入一点比较安全的资产，好处是可以快速降低你的回撤，也就是在30年的投资周期里你预期的最大跌幅。添加更安全的资产能让最糟糕的月份很快就看起来没那么糟糕了。不需要加入太多，例如10%或20%。除此之外，这么做确实会影响你的回报，如果你无法适应80%股票、20%债券的投资组合的大幅波动或回撤，这么做是很有意义的。

你会达到一个恰当的分散投资的点，在这个点上，你宁愿多放弃一些回报，来降低你不需要的风险。我认为对绝大多数人来说，正确的资产配置是持有20%—60%的债券。这样的范围仍然很宽泛，但确实将问题缩小了一些。

迈克尔：你已经描述了普通投资者的最佳途径，但对于希望取得高于平均水平的回报甚至成为富人的投资者来说，怎么做才是最佳途径呢？而对于想要获得超级财富的投资型交易者来说，又要怎么做才是最佳途径呢？人们普遍认为，这三者之间是一个纯粹的选择。如果你选择超级富豪之路，就必须加大风险，并愿意容忍回撤，但这并不意味着你会达到目的——有很多运气的成分在起作用，也不能保证你会成功。

罗伯特：买彩票是个很好的类比。绝大多数人没法在一天之内从两手空空到身家百万，除非去买彩票。其他投资无法给你带来这样的回报，我在这里宽泛地使用“投资”这个词。如果你想明天就变成超级亿万富翁，哪怕只拥有最小的机会，那么好吧，你应该去买彩票。

但这并不意味着彩票是一项好投资，因为你最终大概率会输掉那两块钱或任何购买彩票的成本。然后还有一小部分机会，你会赚到相对适度的钱。

高风险投资也是如此，只是数字没有那么夸张。但如果你投资的是一个高度集中的投资组合，比如买一两只高风险的科技股，那么30年后，这个投资组合价值1亿美元的可能性很小。但要做到这一点是非常困难的，而且在大多数未来的可能性中，就像那张不值钱的彩票一样，你最终会得到糟糕的回报，甚至损失全部投资，因为高风险公司有一个讨厌的习惯，那就是破产。

如果有人想致富，更明智的方法就是投资一个尽可能分散的投资组合，这或许意味着把三分之二的钱投在债券上，三分之一的钱投在股票上。使用这一特定比例，是因为投资组合中的债券对整体风险的贡献较小。股票会产生更多风险。如果你计算一下，最终的风险来源比例约为50/50，所以这是你能拥有的最为分散化的投资组合。然后你再给投资组合增加杠杆。你可以在经纪账户中使用保证金购买资产，或者使用期货，或者使用杠杆ETF——尽管在这3种选择中，我反对最后一种，我认为这不是个好主意。如果你这样做，你将有一个合理的致富机会，但下行风险当然会比没有运用杠杆要大得多。尽管如此，与购买一两只科技股然后祈祷好运降临相比，采用带有这种风险的投资组合仍然是一种更明智的方式。

迈克尔：你的实操交易方法与好莱坞版的《大空头》形成了鲜明对比。迈克尔·巴里这位聪明人的做法可不像一个典型的投资者。他看到了独一无二的机会。假如他没走运，他原本并没有做空的能力。他可能有正确的策略，但缺乏执行能力。电影展示了一个人下了一个超级大注，还成功了。拍得不错。但我一直对那些几十年来都在进行买卖的交易者更感兴趣，而不是那些做一次性买卖的人。看看如今的风险投资界——有很多风险投资人在色拉布（Snapchat）[①]上大获成功。在这些一次性事件中，有很多运气成分，但最疯狂的是，这些事件上了头条新闻，被写成书，成了传奇。我不是要批评或贬低他们的成就，但如果我们要诚实些，从数学的角度来看，你在工作中所走的方向要合理得多，也真实得多。

罗伯特：虽然很不幸，没有人会拍一部关于我的电影，我也不确定是否有人会拍一部关于沃伦·巴菲特的电影，但我们一直把他作为一个例子来回顾。他有一个在很长一段时间内重复多次的方法，他做的不是单一决定，而是几百次甚至几千次决定，其中绝大多数成果不错。

风险投资的运作方式是投资组合中有50个甚至100个投资项目，其中一个变成“色拉布”，有几个可能达到收支平衡，其余的最后都销声匿迹了。这是风险投资背后的经济学。你必须分散投资。

迈克尔：这就是加利福尼亚州帕洛阿托市沙山路[②]上的主流玩家正在做的事。但当前有很多人投入一些钱，并在第一次出手时就走了大运，然后他们就闻名于世了。

罗伯特：这回到了那句老话：你是做赌徒好？还是开赌场好？每次有人来你的赌场下注，你本质上都在跟注，但是赔率向你稍稍倾斜了一点。你知道长此以往，你会积累起一个庞大的分散化投资组合。而每隔一段时间，就会有一个大赌徒走进来，把大量的钱放在赌桌上，这会增加你的波动性，而你在那一天可能最终会亏损。但长期的预期仍然是盈利的。

好的投资者应该考虑追求多样化的机会，在这些机会上建立预期，即自己将获得少量的利润，这将限制上涨空间，但也将限制下跌空间。其次就是你认为自己能应付多大跌幅的问题，你可以通过增加一点投资组合的风险来换取上涨空间，只要别太过火。

---

① 一款照片分享应用，用户在上面发布的内容会在一天后自动消失。

② 沙山路已经成为全球的一个符号，被称为“西海岸华尔街”，上百家声名如雷贯耳的风险投资公司在这里汇集。

好的投资者应该考虑追求多样化的机会，在这些机会上建立预期，即自己将获得少量的利润。

CHAPTER 10

第10章

尼克·雷奇

一致性是关键所在

尼克·雷奇（Nick Radge）是澳大利亚The Chartist交易公司的交易和研究总监。他是一名专业交易者、教育者及作者，自1985年开启了他的交易生涯。尼克曾在悉尼期货交易所的交易大厅以及悉尼、伦敦和新加坡的国际交易平台工作。他擅长交易系统设计和技术分析，特别专注于动量投资和趋势跟踪策略。

迈克尔的话

尼克待人接物的态度温和又自信，令人喜欢。他不说废话。如果你不喜欢这些特质，你就不会喜欢我，也不会喜欢尼克。

迈克尔：我发过一系列电子邮件，问人们："你最大的挑战是什么？"

我得到的回答有："何时入场""我需要一致性"以及"我害怕承受损失"。我的第一反应是："你到底有没有策略？"

尼克·雷奇（以下简称"尼克"）：这个问题问得好。如果他们在寻找入场机会，那就是策略的一部分。我也在问自己，他们有没有策略。

迈克尔：当你听到"一致性"这个词时，第一个想法是什么？

尼克：在散户的世界里，这个词直接表明他们希望每小时、每天、每周、每月、每年都能成功赚到钱。如果这就是他们认为的专业交易者所做的事情，那么

对于一名专业交易者来说，一致性意味着每小时、每天、每周、每月、每年都按下按钮。

他们将在很长一段时间内感到失望。

对于一名专业交易者来说，一致性意味着每小时、每天、每周、每月、每年都按下按钮，我已经这样做了34年。

我遇到的一些人能够坚持两三个月。然后，他们出于某种原因就忘了坚持下去。他们未必亏钱，但是心思不在上面。他们没有领悟要点。他们无法理解这是场持久战。你要想拥有像邓恩资本和亚伯拉罕交易公司那样的回报，唯一的办法就是每天、每周、每月、每年都按下按钮，几十年如一日。

迈克尔：你说的是每天按照你的计划起床，并执行计划的那种一致性。他们说的是："我想要一致性。我想象有一个牙仙，每天、每小时都在我的枕头下放一枚交易硬币。"对吗？

尼克：对。

迈克尔：我认为人们通常都很聪明，但我不知道这种想法是从哪里来的。你坐在家里，对交易投资等事情一无所知，然后你对自己说："我需要每天都赚钱，我需要每周都赚钱。"

尼克：这种人我也见过很多。我最近接到一个人的电话，他说："我想以交易为生。"我说："好。你有多少交易经验？"他说："没有。"我说："好吧。你打高尔夫球吗？"他还得想一秒钟。他说："嗯，是的，你想说什么？"我说："好吧，你认为你能在今年年底前进入美巡赛并与那些顶级球员竞争吗？"他说："你不是白痴吧？当然不行。"我说："好吧，你打高尔夫球，但你承认自己不能以打球为生，也不能在年底之前进入美巡赛。另一方面，你以前从未做过交易，但出于某种未知的原因，你认为到今年年底你就能以此为生了。这无法自圆其说。"

迈克尔：有很多人告诉大家他们可以做到这一点。他们可以准确地实现他们的梦想和幻想，在这里，我将告诉你如何做到这一点——当然，那样行不通。

尼克：每个行业现如今都有这种情况。澳大利亚正在经历超级房地产热潮，每位经纪人都在说同样的话，就像亚马逊送货上门一样。这种情况到处都有，当然，每个人都想要以高价出售这种知识。交易也是如此。投资也是如此。

迈克尔：你提到邓恩资本。你为什么不来当一回教授，为我们从基础开始讲起？对尼克来说价格行为交易意味着什么？

尼克：我在澳大利亚投资者协会年会上做过一次演讲。我问自己："我到底在这里做什么，难道我是唯一关注价格的人吗？"

其他的25名发言人和700名参会代表都是坚定的基本面投资主义者。他们讲故事。他们使用我们从巴菲特式的投资者那里听到的家常便饭式的陈述，比如"你不能为市场计时""分散投资是我们唯一的策略""你必须有一个60/40的投资组合"。

人们抓住这一点，说："嗯，你得知道你在做什么。"我站起来发言，但大家都对我皱起眉头，因为我向他们展示了澳大利亚股票的趋势跟踪策略，并评论说我实际上不知道这些公司中的一半是做什么的。这引起了人群的一阵笑声，但他们可能会在走出会场时摇着头说："这家伙是个白痴。"

迈克尔：当你轻描淡写地说你并不了解其中的一些公司时，你认为他们是否充分地听了你的话并理解了你的意思？他们是否会立即想"这家伙没那么聪明"，还是说你认为他们中的一些人明白了你的真正观点？

尼克：和你一样，我的整个职业生涯都在阐述趋势跟踪这件事。你的确将信息传递给了一些人。这就像让他们顿悟的时刻。有人来找我说："天哪，我跟踪这个大趋势9个月，赚了这么多钱。我什么都没做。我闲坐了9个月。当我做那些糟糕的日内交易，还有做其他事情时是怎么想的？"

一旦他们得到了信息，就会产生理解，但这和其他学习过程一样。要告诉别人该做什么是很难的。他们必须自己领悟。他们必须有顿悟的时刻。

这就像你坐在心理医生的沙发上。所有的话都由你来说，因为这是你领悟的唯一途径。你要产生这种领悟，不管内容是什么，都要靠自己抽丝剥茧。

那群特定的听众里肯定有一部分人能理解，还知道我并不是在轻率行事。我不是个聪明的混蛋。

我不太了解我所交易的许多公司究竟是做什么业务的，我也不在乎，因为当我去税务局报税时，他们只关心我的买卖价格。他们并不关心我对公司的估值或公司的每股收益。他们不问这些问题。他们只想知道你在哪个价位买入，哪个价位卖出，归根结底就是这样。

迈克尔：那些听众都有自己的事业，都花时间投资了一些东西。这是他们的生存手段。

我不太了解我所交易的许多公司究竟是做什么业务的。

然后有个像你一样的家伙走进来，对观众来说这就像瞬间的认知失调。“当有人下错赌注时，他们会怎么做？”下错赌注的聪明人会离开，但这说起来容易做起来难。

尼克：绝对没错。大会上有一位发言者，据我所知，他被自己的基金管理公司踢出局了。他是一位坚定的基本面投资者，买了一家公司的股票，随后股价不断下跌，大跌特跌。他不停地买入，买入，买入。我相信最终他的基金有50%的资金都在这一个头寸里，而且还一直在下跌。他被迫退出该基金，并留下了各种借口——“公司误导了我们”“我们得到的信息都是错的”等。

如果你把50%的资金投入一个单一头寸，而这个头寸却出了岔子，那么结果不会很好看。对一个头寸如此满怀信念是个错误。

我对任何头寸都没有信念。我不在乎。这就像对牛弹琴，对我毫无影响。好了吗？继续。继续下一千笔交易。我会这么说。继续下一千笔交易。

迈克尔：这是一场游戏。你就像玩电子游戏的大孩子。“规则是什么？我怎么玩才能活下来？当发生我无法预测的事情时，我怎么能让自己处于有利位置呢？”

我对任何头寸都没有信念。我不在乎。

尼克：这是一个关于数学期望值的游戏。就是这样。每个人都在玩同一个游戏。你是不是沃伦·巴菲特并不重要。你是不是坚定的价值投资原教旨主义者并不重要。重要的是你赚钱时赚了多少，亏钱时亏了多少。你唯一能控制的就是亏损。你可以对任何股票随意估值。你可以说："黄金要涨到1万美元。"你想怎么做无关紧要。你唯一能控制的就是愿意亏损多少。相信我，就像我们在2008年的金融大危机中看到的那样，只需在一些头寸上轻轻一击，就能对某些人的投资组合造成损害。不仅是他们的投资组合，还有他们的长期财富，更重要的是他们心理上也会受伤。

重要的是你赚钱时赚了多少，亏钱时亏了多少。

很多人在2008年亏损了很多，以至于他们无法在2009年重新入市，错过了一个绝佳的机会。不过，别误会我。我个人在2008年亏损了13%，但从心理上，甚至从财务状况上来说，我仍然处于能够在2009年踏入市场的位置。我记得2009年我的回报率是28%。这就是区别所在——我能够说："好吧，我可能在那一年输了，但这不会让我出局。这不会让我从心理上出局，我还能接着玩。"就像你说的，这和电子游戏差不多。

迈克尔：我不知道趋势交易、趋势跟踪和价格行为交易在美国的接受程度如何，但我觉得相对而言，它们仍然不成气候。过去的七八年里，我在亚洲各地奔波，确实发现亚洲听众很快就能接受价格行为交易的理念。他们似乎很自然地将关于基本面的故事理解为胡说八道。你认为澳大利亚在接受你的交易风格方面有优势吗？

尼克：我认为澳大利亚的接受度不如美国。我相信在澳大利亚有一小部分基金经理会使用某种趋势跟踪/动量风格的方法，但我很难说出2个、3个或4个以上具体的名字。诚然，美国市场明显更大、更复杂，也更开放。

迈克尔：我知道你在生活和事业上都很成功，但当人们对趋势跟踪交易的接受程度不如你所希望的那么高时，是什么让你继续前进？

尼克：我不在乎。我不会站在椅子上说："你们这些人错过了大好机会，这是自切片面包以来最好的发明。"我可以传达信息，但不打算强迫别人接受。我遵循比尔·邓恩当年的说法："我们并不试图适应所有人。我们吸引志同道合的人。"

我对自己趋势跟踪交易的看法也是如此。如果你不喜欢我的策略，没关系。这对我的人生毫无影响。它可能会改变你的人生，但不会影响我的生活，因为我不会停止做我已经做了30多年而且做得还算不错的事情。

我很乐意尽力帮助别人。但是如果他们耸耸肩说“那个家伙是个疯子”，那也无所谓，没关系。

迈克尔：让我们来聊聊你的初始阶段。是什么触发了你的顿悟时刻，即那个让你大开眼界的时刻，你禁不住说：“哦，哇！”你是否是从基本面投资开始你的职业生涯的？

尼克：不是。

迈克尔：解释一下，你是怎么开始交易的？

尼克：我记得很清楚，绝对清楚。那是1985年11月，差不多就在那个月前后。我还没成年，只有18岁，刚从学校毕业。我对自己想做什么毫无概念。是这样的。这就是我当时打算做的事，你会先从我嘴里听到，然后可以向我妻子翠西求证，她会再讲一遍：尼克想要每天搭火车，去一栋办公楼上班，拎着一只手提箱。那就是我离开学校后的目标。我认为那就是最大的成功。

迈克尔：我当时也准备去曼哈顿上这种班。

尼克：我不在乎具体做什么工作，只要能拎着一只手提箱赶火车去一栋大楼里工作就行。其他的都无所谓。不过接下来发生了一些事。我早年交往的一个女孩的姐夫在一家顶尖大型经纪公司工作。他是会计，需要有人帮助处理文件，所以他说：“你不知道你想做什么。那你不如来帮我？”

于是我开始处理文件。我们都在一个楼层的办公室里，楼上是私人客户柜台。有一天，我在那里闲逛，看到很多私人客户顾问。其中有一个人拿着一些图表。他正在用纸笔绘制澳大利亚指数期货的移动均线交叉策略。相当于E-迷你标准普尔500指数期货。这就是他在绘制图表并交易的东西。

我看了一眼图表，问他：“你在做什么？”他说：“当红线与蓝线交叉并向上时，就买入；当红线反向交叉向下时，就卖出。”我可以观察出图表里的趋势。那天下午，我去了当地的文具店，买了一些图表纸、红笔、黑笔、蓝笔。从那天起，我开始完全按照那个人的做法绘制移动均线交叉图。趋势就在那里。

迈克尔：下一步呢?

尼克：我去见了办公室经理。我说："我想交易期货。"他是个老谋深算的人。他看了看这个18岁的孩子，说："如果你想做期货交易，你需要让我在交易票上签字。你负责写票，然后我把它带到交易大厅。"当时，也就是1985年，我大约每年能赚12 000美元或10 000美元。那时的股价指数期货是100美元一个刻度。我正在玩火，但毫无概念。

别忘了，我当时只知道5日和10日移动均线交叉。我所谓的交易策略只有那种深度。没有头寸调整，没有风险管理，什么也没有。我写好一张交易票，然后等待进入经理办公室，让他签字确认。我甚至没法设置止损指令。什么都没法做。这种疯狂的情况持续了一小段时间。从盈利的角度来看，我已经不记得有多少事情了，因为在1987年之前的那些令人兴奋的日子里，我被其他我认为明显更有利可图的东西所吸引，这是我最终在1987年爆仓的原因。

我当时只知道5日和10日移动均线交叉。

迈克尔：这对你来说是一个基础性的关键时刻?

尼克：如果我坚持使用那个移动均线交叉系统，1987年我就会做空。这正是讽刺之处。但那时我很年轻。我很蠢。我对自己想做什么毫无概念，来回摇摆不定。

我发誓再也不犯这种错误，谢天谢地，我再也没犯过这种错误。我大举改用趋势跟踪策略是在几年之后，当时我碰巧听到一次演讲。那次演讲再次向我介绍了趋势跟踪策略，而更重要的是，我第一次接触到了基于波动率调整的头寸管理。在那之前，我对那些东西毫无概念。听到那次演讲，我感觉"哇，我懂了"。它介绍了我从未考虑过的公式，即趋势跟踪的一大部分。

迈克尔：很少有人愿意说"我很愚蠢"。我很少听到这样的话。很多人都想挽回面子，维持假象。说出"我很愚蠢"有种力量，因为从某种意义上这就是禅的精神，承认你能放下，继续前行。很多人的做法恰好相反。他们永远不会承认自己的愚蠢，会一直试图将某些东西合理化，然后紧紧抓住不放。这涉及心理机制，不是吗？

尼克：我已年近60岁了。我可以反思我做过的所有事情，以及一些我并不引以为豪的事情，虽然你无法改变它们。你能做的就是接受教训，积累经验，并继续前进。1987年我学到了一个教训。在我看来，你必须先学会亏钱，然后才能学会赚钱，我确实是这样做的，而且我明白什么地方出了问题，怎么出的问题。当年的很多糟心事来自杠杆交易、我的愚蠢以及缺乏对头寸的管理。我今天没有足够的时间来谈论所有事情，因为那些事同时发生，就好比一场大海啸。

迈克尔：你当时很年轻，随机接触到一个策略，就立即相信了它。你不会对自己说："我有某种特定的个性，所以不能接受这种策略。我必须去分析我的个性，然后再回来看看这种策略是否适合自己。"

你必须先学会亏钱，然后才能学会赚钱。

与个性相协调的交易风格清单在哪里？不存在这种东西。人们重复说起这件事，我想知道为什么。这对我来说没有任何意义。你举的例子很好，你并没有考虑交易风格是否符合你的个性。你研究一种交易策略，说："没错。我相信它。我要用它。"

尼克：这是一个有趣的说法。有人可能会说我当时什么也不知道。我是块白板，面对着全新的机会。我甚至不想交易；我没有这样做的意向。我不知道别人在做什么。但你说得很有道理。突然之间，我想做的事情出现了，而在此之前的10分钟，我甚至从未考虑过这些事。当我开始在股票经纪公司工作时，我并没有想要交易。我根本不在乎。我只对拿着手提箱搭火车去办公楼上班感兴趣。我想做的就是这些，但后来有些事情触发了我的转变。

迈克尔：你是块白板。你看到了一些东西，然后突然变了。

尼克：但为什么？怎么变？这不应该问我。

迈克尔：它与真相有关吗？这就是为什么一切又回到了对人格的测量上。你是一个想去编程的人。你是一个想从事数学工作的人。对人格的测量是主观的，里面没什么客观性。

尼克：特别是当你看到我高中时的数学成绩，知道我连大学都没读过时。如果你要为策略编程，最不该托付的人就是我。

迈克尔：我的观点是，在你我的那种世界里，我们衡量事物，计算事物，并试图弄清事物。话说回来，个性是主观的，不过是另一种故事。你能验证它吗？如果你无法验证，那就是只是个故事而已。

尼克：绝对没错。它就是一种叙事，不是吗？一方面，从一片空白开始很重要。但如果一个20多岁或者30多岁的人，像绝大多数人一样已经接触了许多沃伦·巴菲特的书，那么或许他就无法从一片空白开始了。也许他们确实怀有一种根深蒂固的偏见，不管是对是错。

迈克尔：环境塑造了他们的个性，使他们很难逆向转变。环境把他们带到了某种境地，如果他们是块白板，就不可能出现在那里？

尼克：我相信是这样。我从与客户的广泛交流中看到过这一点。我的很多客户都是工程师一类的，例如航空公司的飞行员。他们是那种需要提前知道我已经部署好结构的人。

迈克尔：一个飞行计划。

尼克：正确。他们需要知道备用按钮和备份程序等东西都是到位的。工程师也一样。你不能随机在某个地方挖一个洞，然后往里面倒混凝土。为了建筑结构的坚固性需要完成一系列工作。

迈克尔：这个词很可爱，不是吗？坚固性？

尼克：这是非常重要的，我不是在讲故事。这就是区别，但或许是我吸引了这些人。坚定的价值投资原教旨主义者是不会拿起电话打给我的。这叫选择偏差或生存偏差。我没有接触到那些对我持反对意见的人，因为他们没有站到我桌子前，除非他们想成为一个聪明的混蛋，这种局面倒是时不时会出现。但我的大部分客户都是天生偏技术型的。他们是工程师、飞行员、信息技术行业的编程人员，诸如此类。

迈克尔： 你第一次接触到海龟交易的故事是什么时候？我们正在谈论白板，他们就是一个相当好的关于白板的例子，也能代表会来找你的人的类型。他们也是丹尼斯挑选的那类个体。当年你接触到海龟交易的故事时，是否也把它看成关于白板的故事？你有没有感到："哇，真有趣。他们对学习持开放态度。"

尼克： 我当时没怎么感觉"哦，这些人和我一样，都是从一块白板开始的"。这并不是我的想法。故事的更大作用是证实我已经开始学习的东西是对的，即每个趋势都是从突破价格开始的，而趋势跟踪交易很可能是创造积极优势的最简单的方法之一。这样一来我就可以确认，我已经在做的事情也是这些人在做的事情，并且已经被复制和传授过了。这给了我很大的信心让我继续做下去，绝对算是我人生里的一个重大影响。

迈克尔： 你还有没有受到过其他因素的影响，比如塑造你的人、事或最喜欢的书，你想提一下吗？

尼克： 这是个好问题。

迈克尔： 一句对我影响很大的话来自艾迪·塞柯塔，"每个人都能求仁得仁"。

尼克： 他对我的影响也很大。我经常做的一件事，就是去查看你提到的那些人的业绩表。大卫·哈丁、大卫·德鲁兹（David Druz）、邓恩资本、坎贝尔资本管理公司、亚伯拉罕交易公司、切萨皮克资本（杰瑞·帕克）。我会回顾这些人或公司的月度业绩表，特别是每当我遇到一点困难的时候。这些家伙每天、每周、每月、每年都按下按钮，几十年如一日。通过查看他们的月度业绩表，我可以看到，"当年他也遭遇过这种破事。看吧，他也挺倒霉的。看吧，他实际上也有亏损的年份"。

这样做使我能够继续前进，知道这些人在我之前已经踏上了这条道路。同样的事情也发生在他们身上。这些都是旅程不可或缺的一部分，我不认为你在其他类型的基金管理业务中也能学到这些东西。你通常会将权益曲线与业绩基准做比较，但是不会去看分解到每个月的业绩表现表格。我鼓励客户和学生去琢磨这些前辈做的事，并理解“嘿，这是他们走过的旅程，他们都是公认的优秀交易者。你未来也会经历这些事的”。

迈克尔：我的书里包含了许多业绩数据。我记得当我还在写《海龟交易特训班》这本书时，意料之外地，有人首次把每个月海龟交易者在培训班里的业绩数据给了我，我当时是多么兴奋，我想：“噢，我的天哪，这太令人着迷了。”

但这里也有负面的东西。我在想过去的40—50年间的记录是否属于非常规现象，我这么说是因为趋势跟踪策略从20世纪70年代开始兴起，业绩记录确实站得住脚，但是相关从业人员也在变老，离开这个行业。

或许今后想获得你所说的这种教育越来越难了，我很坚信这一点。我很好奇日后是否只剩下50—60年的业绩表现数据，因为未来的一切将变得神秘，遮遮掩掩。找到一群志同道合的投资人分享每月数据会变得越来越难。

尼克：有可能。你看马丁·伯金就从比尔·邓恩手里接过了业务。从一个强者手中到另一个强者手中。你说的大约是也许会有一代人退出趋势跟踪交易，如果我没有理解错的话。

迈克尔：例如，AQR资本管理公司正在管理数千亿美元的资产。大卫·哈丁在近10年里的资产管理规模一直达到300亿美元。而我们提到的许多人，哪怕是比尔·邓恩，他的资产管理规模还从未达到20亿美元。

这是一种推测。我希望自己彻底错了，趋势跟踪不会消失，而且会继续有像比尔·邓恩和马丁·伯金这样的人来接班。我希望自己彻底错了。

尼克：我们得让时间走完自己的旅程，看看我们最终会走到哪里。在当今时代，技术领域有很多事情发生，可能推动我们朝着与20世纪60年代和70年代，也许是80年代早期的极为不同的方向发展，这肯定会导致明显的变化。即便这么说，趋势也会一直存在下去。

迈克尔：策略不会消失。策略消失的唯一途径是政府操纵市场，使得市场只能横向发展。

尼克： 看看什么人会脱颖而出并接过大旗会很有意思。想想动量策略。动量策略本质上还是趋势跟踪。我不想陷入关于多样化商品期货之类的争论中。最终，动量策略与趋势跟踪策略的运行方向是一样的。现在动量已经成为过去25年里学术界研究的最大市场因素之一。20世纪80年代时根本没人谈论动量。它肯定比15年前要流行得多。这是一件好事。

迈克尔： 学术界抛出了两种形式的动量：时间序列动量，也就是趋势跟踪；截面动量，也就是相对强度。我总是对人们说，我们可以找到所有的趋势跟踪交易者，所有的时间序列动量。我们能找到相关证据。找到相对强度策略的业绩记录要难一些。它们的存在方式和趋势跟踪策略业绩记录不一样。

尼克： 我同意。你说得对。我不知道你还记不记得，当你出版《海龟交易特训班》这本书时，我买下了澳大利亚的所有库存。

迈克尔： 其他人也需要这本书！

尼克： 如果你还没有重印，那必须得安排起来。我买下了所有的书，分发给我的每位客户。除了我自己的书，我以前从来没有这样做过。我仍然保留着《海龟交易特训班》的初版。纸页已经有些褪色了。

迈克尔： 有时你会在人生中巧遇一些东西，那本书就是我的巧遇。我读到那个故事，然后想："这不可能。这不可能是真的。这是假的。"然后你深入了解到幕后的故事，认识到……

尼克： 是的，我猜你当时会有那种反应，非常美妙。我想提到的最后一位影响我的人是杰瑞 · 帕克。这家伙已经交易了很长时间。他有很强的松弛感。他在字里行间透露了很多信息。

大多数人都错过了字里行间的重点。杰瑞 · 帕克是那种可以传递强有力的信息的人，尽管是从字里行间透露出来的，很少有人去听。这一点很重要。我常常向客户强调这一点。别听杰瑞 · 帕克的字面意思。要听听这家伙到底在说什么。

附 录

1 期权性、止损及高涨的利润

当你能获得期权时，永远不要拒绝它，减少你的损失，并让利润继续增长。

——大卫·里卡多（David Ricardo）

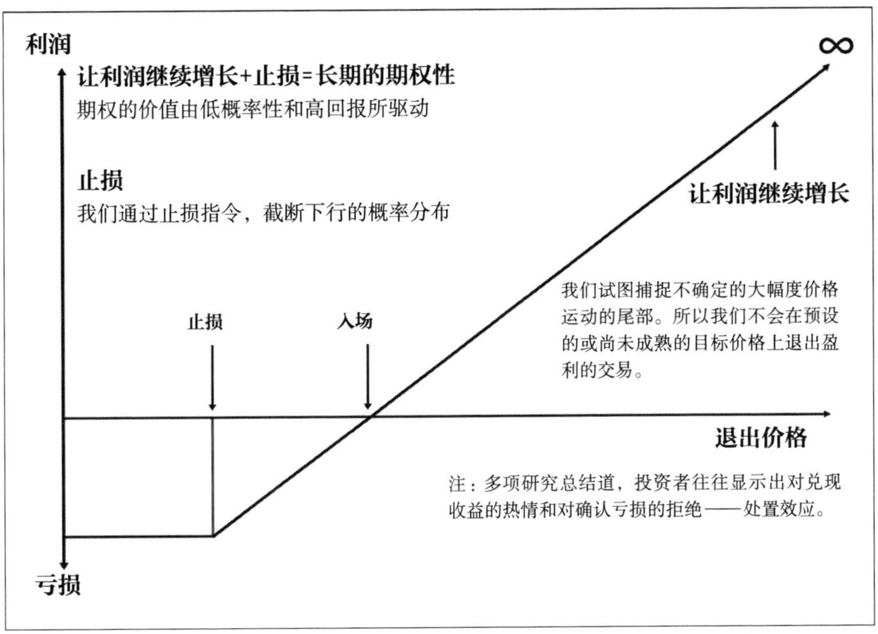

来源：马尔瓦尼资本

2 系统化趋势跟踪策略的收益来源

对于许多投资者来说，邓恩资本的美元加权复合业绩记录本身就无须进一步说明。这份记录涵盖了长达27年（截至2022年是45年）的连续交易。扣除所有费用后的年复合收益率超过23%，这一收益来源于在交易和风险决策中持续应用数学模型。在此期间，系统执行了成千上万次的交易。无需任何统计学专业知识就可以推断出，邓恩资本的结果是设计出来的，而不是靠运气。这种“让我看到钱”的证明很重要，因为它是如此简洁。但是，记录并没有解释这些收益是如何产生的，也没有解释为什么类似的结果还会持续出现。

根据定义，价格趋势是随着时间的推移而发生的价格变化。在自由市场中，市场参与者对经济事件的反应导致价格出现变化。趋势跟踪交易的先驱者，如比尔·邓恩，观察到了这一基本事实，并开发出系统化方法，从自由社会中经济变化所导致的不可避免的市场价格趋势中大量获利。此外，他知道没有必要去预测价格趋势，而是需要一个数学过滤机制，来确保能够参与趋势性市场并且限制非趋势性市场里的交易亏损。此外，邓恩还开发了一种强大的统计方法，能够动态地、持续地管理投资组合的风险，从而控制在长期不利的（非趋势性的）市场里的亏损。

因此，趋势跟踪策略产生回报的“原材料”是自由市场经济，而“生产过程”则是严谨地应用那些精心开发并经过测试的交易和风险管理数学模型。只要市场是自由的，并且交易者没有违反交易和风险管理的纪律，系统化趋势跟踪策略就会长期持续产生回报。

在讨论趋势跟踪策略所产生的收益时，经常会出现的一个问题是：如何从有效市场的零和游戏中持续获得回报？有效市场假说指出，流动市场中的价格反映了每个时间点上所有已知的信息。这通常被误解为没有人可以从零和游戏中赚钱，除非有人能够识别“市场失灵”并加以利用。事实上，该理论并未排除有人能持续地、更好地解释现有信息的可能性。简而言之，交易者，包括趋势跟踪交易者，可能拥有其他人所没有的市场洞察力。有些人可能比其他人更聪明，从而参与零和游戏并从中获利，这似乎是合理的。但是，“傻子”难道不会在钱用光后选择停止游戏或被迫离开游戏吗？的确，如果这是一个纸牌游戏，他们会这样做。但这不是纸牌游戏。零和性质的期货市场是世界经济不可分割的一个组成部分，大型机构很少以孤立的方式来利用它们。这些机构拥有庞大的资产负债表，它们利用期货来帮助管理决定其业务成功与否的资产回报和负债成本模式。在债券价格回升之际，市场上债券空头交易中的最大输家实际上可能是最大赢家，因为这些机构在其他高度相关的现金、远期合约和衍生品市场中持有头寸。从这一更广泛的角度来看，期货市场与相关市场的结合并不是一个零和游戏。

此外，由于有效市场理论指出，价格体现了任何时间点上的所有信息，所以邓恩资本恰当地使用价格作为其唯一的模型输入变量。邓恩资本分析的是市场参与者自己从这些数据中提炼出来的某条信息，而不是通过筛选市场上不断涌现的大量基本事实和观点，然后根据这些围绕着市场不断变化的基本事实和观点去做出某种预测。

总而言之，邓恩资本已经开发出了在统计学上很强大的计算机模型，使用价格来产生交易决策，系统地捕捉随着时间的推移而产生的巨大价格变化。同样重要的是，邓恩资本动态地模拟和管理其期货组合的风险状况。只要自由市场存在，价格就会随着经济活动背后不可避免的人性力量的变化而变化，像邓恩资本这样的趋势跟踪交易者将能够从其严谨的方法中获得回报。

如想更深入地探讨关于期货价格趋势行为，请阅读：

《真实世界的价格是幸运的白痴讲述的传说吗？》（Is Real-World Price a Tale Told by the Idiot of Chance？），保罗·A. 萨谬尔森（Paul A. Samuelson）撰写，发表在《经济与统计评论》（*The Revue of Economics and Statistics*，麻省理工学院出版社，1976年，120—121页）。

《期货市场论文精选》（*Selected Writings on Futures Markets*）卷1和卷2，安妮·E. 派克（Anne E. Peck）编撰。

迈克尔的话

虽然这篇关于邓恩资本的文章已经有将近20年的历史，但它的教育价值并未随时间的推移而褪色。所以我将它收录在附录里。

---

3 邓恩资本交易流程图

邓恩资本交易流程：
如何将市场数据转化为拥有风险控制的交易决策

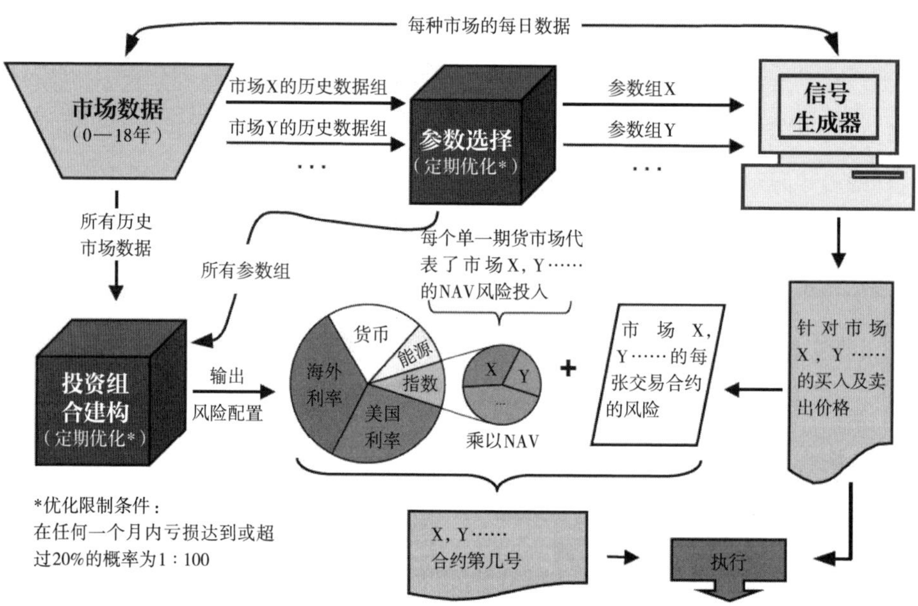

4 邓恩资本业绩

这是投资史上最重要的图表之一。

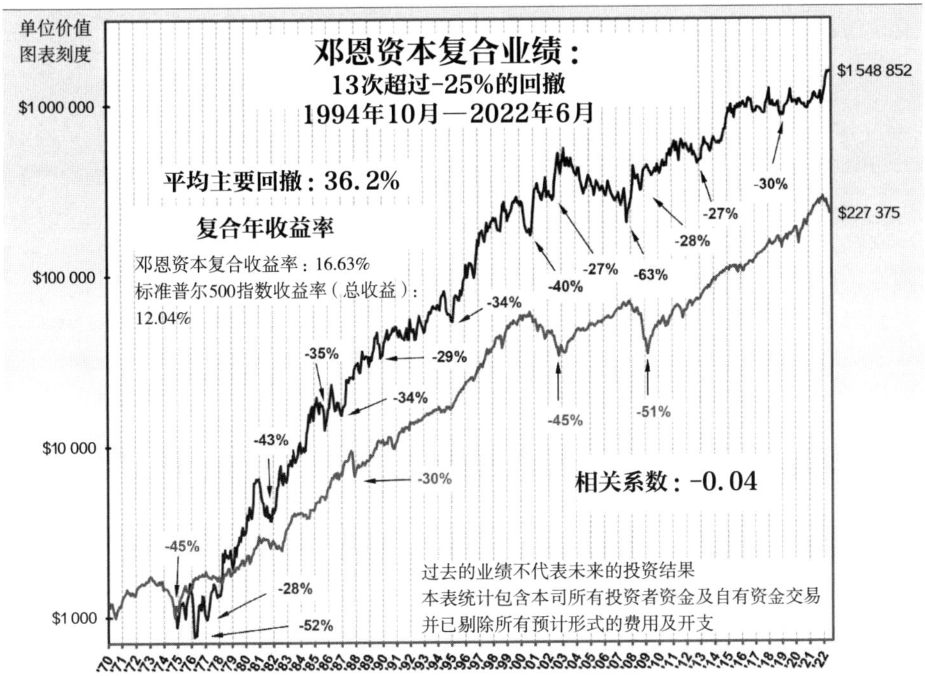

来源：美国商品期货委员会

5 马尔瓦尼资本业绩

马尔瓦尼资本（Mulvaney Capital）由保罗·马尔瓦尼（Paul Mulvaney）管理。我在《趋势交易》（*The Little Book of Trading*）中介绍过保罗。我收录这张业绩图表有两个原因：它很棒，而且我希望你能对它进行反向研究。

	1月	2月	3月	4月	5月	6月	7月	8月	9月	10月	11月	12月	年化收益率
2022	14.71%	6.49%	21.57%	26.45%									87.79%
2021	2.21%	13.98%	0.90%	8.52%	5.08%	-4.45%	4.90%	2.47%	9.96%	9.86%	-21.18%	1.40%	32.93%
2020	-5.58%	-6.99%	31.16%	-0.46%	-5.44%	-0.14%	3.43%	-2.58%	-11.87%	2.41%	0.62%	19.63%	18.53%
2019	-19.33%	-2.94%	10.05%	-1.89%	-4.97%	6.92%	9.04%	29.96%	-23.00%	-12.00%	-5.39%	0.88%	-21.28%
2018	12.99%	-15.33%	-6.57%	3.46%	-7.23%	4.57%	15.55%	16.15%	-1.12%	-25.79%	15.60%	-6.35%	-4.33%
2017	-6.33%	9.23%	-7.77%	8.97%	-0.41%	-4.53%	-5.42%	2.38%	-8.08%	10.68%	-2.29%	7.93%	1.57%
2016	5.94%	10.75%	-13.52%	-2.84%	-8.35%	27.33%	-1.01%	-13.30%	18.22%	-10.77%	-0.71%	-5.05%	-1.82%
2015	6.93%	-0.50%	3.84%	-7.98%	4.13%	-6.07%	4.77%	-9.23%	6.15%	-11.05%	13.52%	-2.10%	-0.77%
2014	-1.46%	1.36%	4.65%	2.67%	-4.47%	2.37%	2.25%	9.33%	17.69%	-1.67%	13.05%	9.05%	67.36%
2013	10.46%	7.39%	9.29%	9.73%	0.13%	-3.15%	-4.03%	-10.90%	2.61%	7.29%	11.58%	-1.24%	43.12%
2012	-3.75%	0.78%	5.21%	-1.08%	-0.90%	-18.12%	11.38%	-6.26%	-8.58%	-15.07%	-0.97%	0.76%	-33.72%
2011	2.07%	9.78%	-4.62%	6.07%	-11.82%	-7.41%	11.15%	1.59%	-4.20%	-14.14%	12.05%	-1.64%	-5.26%
2010	-3.84%	-7.15%	-5.15%	2.02%	-8.77%	0.53%	-12.03%	14.59%	16.46%	22.29%	-5.36%	25.30%	34.90%
2009	1.60%	-0.03%	-3.36%	-5.51%	-1.30%	-6.81%	-0.53%	10.85%	1.32%	-7.86%	0.70%	-3.19%	-5.90%
2008	21.65%	28.86%	-7.96%	-8.58%	5.35%	8.51%	-18.78%	-6.73%	11.58%	45.59%	6.97%	5.30%	108.87%

续表

	1月	2月	3月	4月	5月	6月	7月	8月	9月	10月	11月	12月	年化收益率
2007	0.56%	-5.18%	-8.82%	2.59%	4.70%	4.85%	-16.89%	-19.40%	3.92%	13.72%	-8.59%	8.47%	-23.14%
2006	11.09%	-2.70%	13.05%	11.46%	-4.27%	-6.10%	-5.20%	1.95%	1.00%	-0.13%	0.56%	1.60%	21.94%
2005	-4.28%	0.54%	2.30%	-9.28%	-4.08%	5.32%	6.62%	2.78%	13.57%	-5.64%	15.27%	8.35%	32.34%
2004	4.19%	8.45%	2.37%	-11.50%	-6.99%	-0.73%	-0.41%	-6.21%	7.76%	0.76%	9.63%	-4.94%	-0.10%
2003	13.20%	7.22%	-12.83%	1.45%	7.64%	-7.61%	-6.33%	0.07%	6.66%	15.32%	-0.27%	5.35%	29.28%
2002			-7.52%	1.55%	6.75%	7.38%	5.95%	5.44%	5.13%	-7.73%	5.08%	7.80%	19.37%
2001	-9.62%	18.76%	13.46%	-15.25%	-0.66%	5.39%	-1.26%						6.69%
2000	-5.02%	2.52%	-8.40%	-0.27%	6.97%	1.55%	-1.25%	12.68%	-4.36%	1.96%	9.05%	8.9%	24.51%
1999					-0.29%	-0.14%	-2.22%	2.13%	-4.81%	-4.80%	7.01%	4.84%	1.09%

来源：美国商品期货委员会

6 紫色山谷资本业绩

紫色山谷资本由唐纳德·维佐雷克管理。你也可以对这份业绩图表进行反向研究。这是你的作业。

年	1月	2月	3月	4月	5月	6月	7月	8月	9月	10月	11月	12月	年化收益率
2022	12.80%	8.30%	12.41%	25.82%									72.78%
2021	7.86%	35.24%	19.40%	3.67%	-5.71%	-9.47%	-1.24%	-2.23%	-1.66%	-2.77%	-12.22%	-13.03%	8.62%
2020	-0.69%	17.65%	56.50%	-11.45%	-5.61%	-12.99%	27.16%	10.83%	-21.09%	10.62%	20.66%	51.81%	199.65%
2019	-7.79%	8.24%	12.08%	5.09%	5.92%	2.19%	-17.34%	24.86%	-19.57%	0.37%	0.45%	10.08%	-8.07%
2018	17.56%	-16.35%	-4.16%	-0.62%	-22.21%	4.82%	-4.60%	14.49%	0.20%	-16.71%	12.92%	3.06%	-18.97%
2017	-6.14%	-0.70%	-2.93%	0.86%	-3.56%	-2.78%	0.68%	-0.41%	-8.35%	7.44%	3.96%	0.25%	-11.95%
2016	-1.21%	4.33%	-16.59%	18.18%	-10.12%	-6.89%	3.01%	-12.34%	-10.60%	1.06%	2.97%	-2.02%	-30.01%
2015	19.00%	-5.65%	2.15%	-9.01%	-6.87%	-9.48%	13.30%	-0.67%	4.45%	-15.83%	10.72%	-9.26%	-12.56%
2014	2.93%	8.82%	6.88%	1.42%	-8.09%	11.12%	-7.44%	1.14%	33.18%	0.70%	13.47%	6.37%	87.94%
2013	3.15%	-11.19%	-4.75%	6.92%	6.30%	9.50%	-7.92%	3.34%	-10.59%	-15.49%	-2.23%	0.58%	-23.21%
2012	-3.14%	12.48%	-1.84%	-6.34%	15.27%	-11.55%	10.54%	3.26%	-2.92%	-10.66%	-1.74%	3.42%	2.73%
2011	-0.61%	18.00%	-0.52%	13.64%	-17.28%	-12.14%	-0.79%	17.05%	-5.17%	-17.47%	1.48%	-0.06%	-11.17%
2010	-8.48%	-6.65%	-2.46%	-0.77%	0.67%	5.33%	-16.07%	-1.70%	32.59%	28.39%	0.99%	23.32%	53.36%
2009	-12.07%	3.14%	-5.74%	-1.68%	38.24%	-13.27%	2.31%	11.66%	2.94%	-2.10%	27.26%	-21.51%	15.89%
2008								10.83%	0.86%	47.09%	5.79%	-1.79%	70.81%

来源：美国商品期货委员会

7 趋势跟踪交易者拥有好奇心的重要性

近日，一位顶级首席执行官在哈佛大学的MBA课堂上发表了一次演讲。一位学生问道：“我该做些什么？”

这位首席执行官答道：“用你交完学费后剩余的钱去做些别的事。”

如果你有好奇心，就能明白其中的道理。

然而，许多人的好奇心好似从他们的大脑中被切除了。弗洛伊德曾抱怨道：“孩童那闪烁着光芒的智慧和普通成年人那微弱的心智形成了多么令人痛心的对比啊。”

如今，许多人收到命令才会有所行动。

真正的道路是拥有孩童般单纯的好奇心——除了求知，没有别的目的。这是宝贵的资产，是秘密武器。孩子们在第一次拆解开一件玩具，想弄清它的工作原理时体验到了大开眼界的惊喜——你也应该如此。尽管这听上去如此简单，但保持孩童般的好奇心与热情能开启你的心智。

我每日起床，挖掘趋势跟踪交易世界里的秘密，正是出于好奇心。

不轻信表面价值，深入质疑系统是我的工作方法。带着这种说话方式，你觉得我每次在课堂上举手时老师会喜欢我吗？寻血猎犬的使命就是找到东西——人们想要隐藏起来的东西。

一个更不可能向我提问的人是苏联总统米哈伊尔·戈尔巴乔夫（Mikhail Gorbachev）：“你如何去发掘细节？”

翻译用俄语告诉他，我的职业是赚大钱的交易者。当我们进行自我介绍时，他用俄语向翻译传达他的问题：“写关于这些交易者的文章是什么感觉？”

我简短地回答道：“非常有趣。”

他接着让翻译问我：“深入事物的幕后一定很困难。你是怎么办到的？”

我带着微笑回复道：“噢，我很擅长刨根问底。”

他大笑起来。无须翻译。他从一开始就完全听得懂我的英语。

我的投资教育直接来自过去50年里一些伟大的趋势跟踪交易者。这不是夸大其词。然而，一切并不是这样开始的。

它开始于我在伦敦完成研究生课程的时期。励志演讲家安东尼·罗宾斯（Anthony Robbins）所著的《激发心灵潜力》（*Unlimited Power*）使我相信，接近伟大的交易者是一种解决方案。

这听上去很容易，但究竟该怎么做?

罗宾斯的书中有个部分给了我灵感。

那是关于导演史蒂文·斯皮尔伯格（Steven Spielberg）的故事。

他在17岁时参观环球影城的经历改变了他的人生。旅行路线没有包含拍摄现场参观，所以斯皮尔伯格自己采取了行动。他偷偷去看了一部电影的真实拍摄过程。后来，他见到了环球影业编辑部的负责人，负责人表示对他早期的一部电影感兴趣。

对大多数人来说，故事在这里就会告一段落，但斯皮尔伯格和大多数人不一样。他通过不断与导演、编剧和编辑会面并学习观察，对电影制作中真正有效的东西越来越敏锐（节选自《激发心灵潜力》）。

这个故事提供了我所需的动力。

例如，我曾经花费几千美元飞往德国柏林，就是为了有机会在一个会议上向几位交易者学习。我在那次会议中是个无名小卒。

我当时的资历只有一张名牌和一身胆量，但那场精心策划的孤注一掷，那种我会有意外收获的直觉信念，足以让我与芝加哥商品交易所的一位前主席共度美好时光。

这些早年间的努力不断地让我有机会与传奇人物面对面交流，这种亲身接触让我看到他们也是凡人之躯，他们所做的事情是可以被学习的。

参加那些冷门的会议触发了我的信心和激情。

不幸的是，我们的文化并不认可这种想办法把事情弄明白的态度。孩子们在足球联赛和拼写大赛中成长起来，人人都能得到奖品。

在运动场上，躲避球游戏[①]的伤害性太大。

父母们如今认为抢座位游戏是一种危险的、排挤他人的行为。

这些孩子将永远不会产生好奇心。他们最终会沉迷于撒满“聪明药”的纸杯蛋糕，这样他们才能应付困境。我在悲观地发牢骚吗？远非如此——我不过是描述了竞技领域的现状。

我学到的正确方向都有哪些？

- 每天都要充满快乐的、富于想象力的、热情的能量。不要伪装。
- 你不需变强大才能成为优秀的人，你需要的是变聪明。
- 哪里缺少人手，就去主动参与。主动承担责任。
- 与世界积极互动，就好像你的人生全部取决于此。
- 没有什么比改变一个人更重要。
- 建立一个根植于自己特质的愿景。
- 比赛的赢家往往是满怀好奇、略显疯狂的。
- 生活中枯燥无味的义务会象征性地“杀死”你。
- 没有人会给你许可。主动抓住你应得的东西。
- 如果你无法解决一个问题，你一定是在按集体的规则行事。
- 艰苦的工作、持续的专注和动力就是所谓的秘诀。
- 赢家清楚沉没成本和机会成本。
- 为胜利做计划，为胜利做准备，并且有绝对的权利去期待胜利。
- 改变自己的信仰体系是你的权力。没有人会真正地被束缚住。自我解绑。
- 赢得胜利从不在于你的有限资源，而总在于你的无限智慧。
- 不去质疑这个世界，你就会一直输。

以上未必都很符合直觉。

① 该游戏的目标是躲避对方团队投掷的球，同时尝试将球投向对方团队的成员，以淘汰对方团队的成员直到只剩下一个团队为止。

社会不会为那些无法证明自己的奋斗者打气喝彩。

抨击新想法或对他人冷嘲热讽要安全得多。太多人被鼓励选择安全的途径。

这种建议既糟糕又短视。

对于那些抱怨自己没有含着银汤匙出生的人，那些认为自己需要更多的钱来开启事业的人，那些声称自己未曾有幸（像著名的海龟交易者一样）在20岁出头就得到了趋势跟踪规则的人，我想说金钱无法弥补才能的缺乏、懒惰的习性、有缺陷的眼光或平庸的心态。

如果胜利是你想要的，那么没有什么能阻止你获胜。

如果你不这样想，就说明你缺乏想象力，缺乏吸引美好事物所需的乐观精神。

缺乏乐观精神？

现在停下来。

但是，如果你还有跳动的脉搏，永远不要忘记这些明智的话语："有天赋的音乐家、天生的运动员和先天的智力这类言辞都是遗传学上的监狱。能力并不是在遗传中设定的。即使成年之后，能力也是柔软的，具有可塑性。只要拥有谦逊、希望和非凡的决心，人人都可以追求伟大的成就。"

还有，一如既往地，"偶然性统治一切"！

迈克尔·W. 卡沃尔

ABOUT MICHAEL COVEL

作者简介

关于迈克尔·W. 卡沃尔

迈克尔·W. 卡沃尔总在搜寻答案，刨根问底。他从幕后揭示了一种社会系统不希望你拥有的心理状态。他教授初学者和经验丰富的老手如何通过简单明了的、可重复的规则从市场上获利，他的著作被视为不可或缺的指定读物。他以推广反直觉的、富有争议的交易策略——趋势跟踪策略而闻名。

迈克尔坦率承认自己是企业家，撰写过6本书，包括国际畅销书《趋势跟踪》，以及调查性记叙作品《海龟交易特训班》。他对70年来默默无闻地创造出惊人回报的神秘交易者非常着迷。这些交易者违背了买入并希望好事发生的传统投资方法。迈克尔揭示了思考、开发和执行趋势跟踪系统的正确方法。

迈克尔的观点在国际上获得了无数赞誉，并为他赢得了诸多组织的邀约：华夏基金、新加坡政府投资公司（一个新加坡主权财富基金）、巴西证券期货交易所、美国管理基金协会、中银基金管理有限公司、市场技术分析师协会，以及多家对冲基金和共同基金。

他还有幸采访了7位诺贝尔奖得主，包括丹尼尔·卡尼曼和哈里·马科维茨（Harry Markowitz）。他还受到过多家主流媒体的报道，包括《华尔街日报》、彭博社、中国中央电视台、《海峡时报》（*The Straits Times*）和福克斯商业频道等。

迈克尔在网络上发帖，发表博客，并每周录制他的播客节目。他的咨询业务客户遍及70多个国家，这些客户包括对冲基金、主权财富基金、机构投资者和个人交易者。他在美国和亚洲两地工作及生活。